CATALOGUE
DE TABLEAUX
PRÉCIEUX
ET AUTRES OBJETS DE CURIOSITÉ.

SE TROUVE :

A Paris, chez..... { M. HENRY, Commiss.-Expert des Musées royaux, rue de Bondy, n°. 23.
M. LACOSTE, Commissaire-Priseur, rue Thérèse, n°. 3. }

A Lille, chez......... M. TENCÉ, rue des Cabossus.
A Montpellier, chez M. ROGER, fils aîné, grande rue.
A Berlin, chez...... M. PASCAL.
A Amsterdam, chez M. GRUYTER.
A Bruxelles, chez { M. HÉRIS.
M. DANSAERT, Négociant, sur le Port. }
A Francfort, chez.. MM. WINFELD et GOLZMITH.
A Leipsick, chez.... MM. MÉCHAU, veuve et frères.
A Londres, chez. { M. PHILIS, new-bond street.
M. PINNEY, pall mall.
M. WOODBURN, n°. 112, St.-Martin's lane. }
A Manheim, chez.. MM. ARTARIA.
A Moscou, chez.... M. J. F. RAUCH, Loubianka, n°. 309.

IMPRIMERIE ANTHELME BOUCHER,
Rue des Bons-Enfans, n°. 34.

CATALOGUE
DE TABLEAUX
PRÉCIEUX

ET AUTRES OBJETS DE CURIOSITÉ,

Formant le Cabinet de M. L., Receveur-Général des Contributions du département de la Seine.

Par HENRY, *Commissaire-Expert des Musées Royaux*.

La vente de ce beau Cabinet aura lieu aux enchères et argent comptant, le 19 Avril et jours suivans, à midi, dans la galerie Lebrun, rue du Gros-Chenet, n°. 4,

Par le Ministère de M. LACOSTE, Commissaire-Priseur, rue Thérèse, n°. 2,

Sous la direction de M. HENRY, rue de Bondy, n°. 23, chez lesquels se distribue le présent Catalogue.

═══════════════════════════

LE PUBLIC pourra jouir de la vue de ce Cabinet, depuis onze heures du matin jusqu'à quatre heures du soir, pendant les huit jours qui en précéderont la Vente.

AVERTISSEMENT.

M. L...., receveur-général des contributions du département de la Seine, fit vendre, en 1817 (1), une collection de Tableaux et autres objets curieux, qui, dans le petit nombre de celles que Paris conservait encore, passait, à juste titre, pour une des plus riches et des mieux composées.

Ce qui donnait beaucoup d'éclat à cette collection, c'était l'agréable réunion d'un grand nombre de morceaux choisis parmi les meilleurs ouvrages des maîtres flamands et hollandais qui ont le plus illustré les écoles de leur pays : là brillaient encore plusieurs tableaux de genre de nos artistes modernes ; mais on n'y rencontrait rien des savantes écoles ultramontaines, rien de ces hommes d'un génie transcendant qui, dans Rome, dans

---

(1) Depuis 1817, ont encore été vendus deux des plus beaux cabinets de Paris, celui de M. le prince de Bénévent et celui de M. Morel de Vindé ; nous ne parlons que des cabinets de tableaux seulement.

Florence, dans Parme, dans Venise, dans Bologne, ont porté l'art à son plus haut degré de splendeur. Ce défaut était le seul qu'on pût justement reprocher à ce cabinet.

Des personnes éclairées, d'un goût plus sévère que le commun des curieux, en faisaient de temps en temps la remarque à M. L..., et nous devons dire qu'elle avait d'autant plus de poids à ses yeux, qu'il éprouvait lui-même les effets de ce charme vainqueur qu'exerce sur notre esprit la contemplation des chefs-d'œuvre de certains maîtres italiens. Mais où trouver de ces chefs-d'œuvre, de ces conceptions sublimes où l'idéal semble élever l'art au-dessus de la nature? où en trouver d'assez avérés, d'assez authentiques, pour ne laisser aucun doute dans la pensée des connaisseurs et maintenir leurs possesseurs dans une pleine et constante sécurité? Depuis long-temps, les rois et les princes en ont orné leurs palais; et si, par hasard, on en découvre ailleurs qui aient été déplacés de ces lieux pendant les troubles politiques, ce n'est qu'à des prix excessifs qu'on peut parvenir à les acheter.

Qu'importe la cherté à celui dont elle n'excède pas les moyens? M. L..., ayant appris qu'il y avait plusieurs tableaux italiens de premier ordre à vendre en pays étranger, forma aussitôt le projet de les avoir en sa possession. Il prit en même temps la résolution d'acquérir diverses productions d'artistes belges et bataves, qui lui étaient signalées de manière à les lui faire regarder comme supérieures à tout ce qu'il avait dans ce genre de peinture. Outre que de tels achats demandaient de grosses sommes d'argent, ils allaient obliger M. L... à refondre sa collection. Il aima mieux la vendre et en former une nouvelle. Un seul de ses tableaux eût emporté ses regrets (1) ; il l'excepta de cette vente, ou plutôt il le fit racheter.

L'occasion avait secondé les vues de M. L... ; le succès de ses recherches avait surpassé ses espérances ; dans sa nouvelle collection étaient déjà réunies des peintures aussi précieuses que rares, inconnues jusqu'alors dans les plus riches cabinets de France, telles, en un mot, qu'avant de les avoir, il eût à peine osé les désirer ; M. L..., enfin, allait jouir du glorieux fruit de ses immenses sacrifices....; mais il est des événemens que la sagesse humaine ne peut prévoir. Un contre-temps rompt les mesures les plus généreuses, traverse le dessein le plus noble; des chefs-d'œuvre rassemblés à grands frais vont être *redisséminés*. M. L... est forcé de détruire lui-même son magnifique ouvrage : heureux l'amateur qui pourra en recueillir quelque beau débris !

Nous venons de dire que la collection dont il s'agit, offre des morceaux extraordinaires, jusqu'a-

---

(1) Le P. Poter, décrit au n°. 138 de ce catalogue.

lors inconnus dans nos cabinets. Pour mettre cette assertion hors de doute, nous citerons d'abord le petit nombre de tableaux qu'un simple particulier n'aurait jamais eu la gloire de posséder, sans les secousses révolutionnaires qui les ont détachés des trônes dont ils étaient un des plus beaux ornemens; tels sont :

Le n°. 16 de ce Catalogue, c'est-à-dire la Madone du Corrége, morceau unique, provenant du palais des rois d'Espagne, et dont le célèbre Mengs a fait le plus bel éloge.

Les deux Carlo Dolci, n°s. 10 et 11, provenant de la galerie royale de Sardaigne.

Un quatrième tableau de source royale, si l'on peut s'exprimer ainsi, c'est le Rubens décrit au n°. 148. Il n'y a guére plus de trente ans qu'on le voyait encore dans la galerie impériale de Vienne; on en trouve une autre description très étendue dans le volume 11, page 228, de l'ouvrage que Burtin a publié à Bruxelles, sous le titre, un peu trop avantageux peut-être, de *Traité des connaissances nécessaires aux Amateurs* : description qui, comparée avec la nôtre, prouvera combien nous avons été circonspects dans l'éloge que nous avons fait de ce tableau.

Les événemens de la révolution, les désordres qui on causé le renversement des plus grandes fortunes et la suppression de tant de congrégations religieuses, ont encore déplacé et fourni à M. L. l'occasion d'acquérir les chefs-d'œuvre suivans :

Le tableau d'autel fait par André del Sarte pour l'église des Dominicains de Sarzana, et qu'ont également vanté deux historiens, Vasari et l'abbé Lanxi;

Le portrait du sculpteur Baccio Bandinelli, autre ouvrage d'André, provenant du palais de Capo-di-Monte, à Rome, et dont il est aussi fait mention dans Vasari. *Voyez* les n°. 4 et 5 de ce catalogue;

Le Jules Romain, n°. 32, que beaucoup de personnes se souviendront d'avoir vu figurer dans la magnifique Collection des ducs d'Orléans, communément appelée, *Galerie du Palais-Royal*;

Le Garoflo, n°. 25, sorti de la riche galerie de Michael-Angelo Cambiaso, doge de la république de Gênes;

Le Léonard, n°. 33; le Portrait du Médecin du Corrège, n°. 17; le Pérugin, n°. 40, provenant, le premier, de la Casa-Asaciel à Rome, les deux autres, des palais Corini et Capo-di-Monte;

Le Guerchin, n°. 30; la Cène de l'Albane, n°. 1; le Paysage de Claude Gélée, n°. 75; tous trois venant du palais Colonna, dont la galerie, au rapport de Richardson, était de son temps la plus renommée de toutes celles de Rome;

Le Perruzzi, n°. 41, gravé par Augustin Carache, la bataille de Salvator-Rosa, n°. 44, sortie du palais de Capo-di-Monte déjà cité plusieurs fois;

Le Gaspre, n°. 26, qui a long-temps fait partie des ornemens du palais Santa-Croce;

Et enfin plusieurs autres tableaux provenant, les uns, des maisons Albani, Spada, Pezzera, Falconieri et Strozzi, toutes plus ou moins fameuses par rapport aux objets d'art qui s'y trouvaient rassemblés; les autres apportés d'Espagne, dans un moment où les lois n'avaient plus assez de force pour en empêcher la sortie; du nombre de ces derniers tableaux sont les beaux portraits de Velasquez, n°s. 61, 62, 63, 64, etc.

Pour ce qui est des Peintures Flamandes et Hollandaises de la Collection dont nous parlons, outre qu'il y en a beaucoup qui ont fait partie de cabinets renommés (1), et qui peuvent être mises au rang des meilleures productions de leurs auteurs, nous pouvons affirmer qu'en général elles justifient complètement ce qu'on a toujours dit des Écoles des Pays-Bas, qu'elles ont autant qu'aucune autre su répandre sur la toile les charmes du coloris et possédé le secret de faire agir les plus puissans ressorts de l'illusion.

---

(1) Plusieurs tableaux hollandais et flamands de la collection de M. L., proviennent des cabinets de MM. Tolozan, Clos, Aynard, Lenoir-Dubreuil, etc., etc.

On voudrait inutilement enchérir sur les avantages que tirent de leur seule origine les différens tableaux que nous venons de citer. Elle leur imprime un tel caractère d'authenticité, tant d'éclat; c'est pour eux un titre de recommandation si solennel, qu'elle suffit pour fixer l'opinion sur leur haute valeur, et leur obtenir une entière créance de la part des amateurs les plus défians. En effet, quel meilleur moyen de faire ressortir le mérite d'un tableau, que de pouvoir affirmer qu'il a orné la galerie de tel ou tel souverain, qu'il sort de tel ou tel palais fameux, et qu'il a été vanté d'âge en âge par des écrivains qui font autorité. Le judicieux abbé Lanzi, auteur moderne, Vasari, contemporain d'André del Sarte, ont fixé, par leurs communs éloges, le rang distingué que la Vierge peinte pour les Dominicains de Sazzana, doit avoir parmi les plus beaux ouvrages de ce grand artiste. Raphaël Mengs, par le jugement qu'il a porté de notre Madone du Corrège, a également consacré sa réputation : *il y a peu d'ouvrages du Corrège*, écrit-il à Antonio Ponz, *mais comme chaque production de ce grand maître nous présente toute la magie de l'art, les deux seules qui soient dans ce palais* (1) *suffisent*

---

(1) Mengs parle du palais de l'Escurial, où il était quand il écrivait à Antoine Ponz.

pour nous donner une idée du talent supérieur de cet artiste, etc.

Il n'est pas inutile d'observer ici que le second de ces tableaux représente *Jésus au jardin des Oliviers pendant la nuit;* ainsi celui qui est passé de l'Escurial dans la collection de M. L., est doublement à préférer sous les rapports du sujet et du coloris, qui sont on ne peut plus agréables à la vue.

Si nous n'avons pu voir des choses aussi rares et pour la plupart aussi parfaites, sans être transportés d'admiration; si nous n'avons pu les décrire sans céder au désir de les louer, du moins avons-nous été assez circonspects dans l'expression des sensations délicieuses qu'elles nous ont fait éprouver, et assez modérés dans les éloges que notre plume leur a donnés, pour être certains que les connaisseurs de bonne foi ne nous taxeront point d'exaltation; d'ailleurs, n'avons-nous rien écrit dans tout notre catalogue, soit comme opinion, soit comme remarque ou comme simple réflexion, sans l'avoir préalablement soumis à la sanction de personnes instruites, de bon conseil, et toujours prêtes à nous remettre dans le chemin de la vérité si nous nous en fussions écartés. En cela, nous avons suivi l'exemple du marin prudent qui, forcé de parcourir une côte dangereuse, met son vaisseau sous la conduite d'un pilote expérimenté. Dans la position où nous met l'emploi difficile que nous exerçons, l'enthousiasme et ses prestiges, les erreurs de la présomption, l'influence même des noms célèbres, sont véritablement autant d'écueils que nous devons appréhender, et contre lesquels nous ne saurions trop nous prémunir. Du reste il suffira de lire certains passages de notre catalogue, pour se convaincre de la liberté que nous avons eue de vérifier les noms d'auteur, de les changer quand l'équité nous en a fait une loi, et même d'exprimer jusqu'à nos doutes, quand nous nous sommes crus fondés à douter.

Tant de précautions, prises dans le but de répondre à la confiance assez générale dont on daigne nous honorer dans plusieurs pays, nous autorisent à penser que la vente de la Collection de M. L. sera distinguée du grand nombre de celles dont l'annonce, faite avec trop peu de discrétion, n'est jamais justifiée par l'événement.

Aux tableaux qui composent cette riche collection, sont réunis divers objets de curiosité, tels que Sculptures en marbre et en bronze, meubles de *Boule* et autres d'une rare magnificence, Vases, Colonnes, Tables de Porphyre, Granit, Brèche universelle, Albâtre et autres marbres orientaux, dont la notice fait suite à ce catalogue.

Un vœu que beaucoup de Français, professeurs et amateurs, émettront sans doute avec nous, c'est de voir fixés à jamais dans notre pays ceux des morceaux de cette collection qu'on ne retrouvera jamais dans le commerce de Paris, et dont les égaux manquent à notre Musée royal.

Les mesures des Tableaux et autres objets ont été prises avec le pied-de-roi, et généralement réduites en pouces.

ABRÉVIATIONS.

T. signifie	Toile.
B.	Bois.
C.	Cuivre.
P.	Pouce.
L.	Ligne.

CATALOGUE

D'UNE RICHE COLLECTION

DE TABLEAUX

DES ÉCOLES ITALIENNES, ESPAGNOLES, FRANÇAISE,
FLAMANDE ET HOLLANDAISE.

ÉCOLES ITALIENNES.

ALBANE (Francesco ALBANI, dit l').

1. La Cène. Toile, hauteur 48 pouces, largeur 66 pouces.

Jésus à table avec ses apôtres, leur dit avec l'accent de la douleur : *Un de ceux qui mangent avec moi doit me trahir.* A ces mots, qui les frappent de surprise et les jettent dans une vive agitation, ou les voit ou se tourner l'un vers l'autre à dessein de découvrir celui d'entr'eux qui doit commettre ce crime atroce, ou s'adresser à Jésus pour lui demander : *Est-ce moi, Seigneur, qui dois vous trahir?* Cependant Judas, mettant la main au plat en même temps que Jésus, tâche de cacher son dessein dans une apparente tranquillité. Seul, le disciple chéri ne prend aucune part à ce trouble; il dort d'un sommeil paisible, et sa tête repose affectueusement sur la poitrine de son divin maître.

Les personnages de cet admirable tableau, quoiqu'en

grand nombre, quoiqu'égaux de condition, ayant à peu près les mêmes habitudes, et se liant tous ensemble à l'action par un sentiment qui leur est commun, ont néanmoins, dans la vive part qu'ils prennent à l'affligeante révélation de leur maître, une différence d'expression qui, en se rapportant au caractère particulier de chacun d'eux, marque distinctement le genre et le degré de leur sensibilité personnelle.

L'Albane, supérieur à lui-même, on peut le dire, et l'égal des plus grands maîtres dans la partie de son tableau qui tient au génie, s'y montre aussi l'émule d'Annibal Carrache dans la partie pratique de son art. On ne peut manier le pinceau avec plus d'énergie et de fierté.

1. LE TRIOMPHE DE GALATHÉE. Toile, hauteur, 42. p., largeur 58.

Polyphème, toujours épris de Galathée, et toujours méprisé par elle, la contemple du pied d'un rocher dans un moment où elle se promène sur la surface de la mer. La belle néréide, assise sur une large conque, est précédée de deux amours portés par des dauphins, et accompagnée de deux nymphes qui tiennent les deux bouts d'une écharpe enflée par le vent. Un des dauphins, attaché avec un double cordon, traîne la nacelle en obéissant à la main légère de Galathée, dont l'amusement ressemble à un triomphe. Au-dessus d'elle voltigent trois amours qui sèment des fleurs sur son passage; et, tandis que les tritons le célèbrent avec leurs trompes, on voit plusieurs nymphes témoigner leur allégresse en jouant sur les eaux avec d'autres dieux marins.

On voyait autrefois cette agréable peinture dans le palais Colonna, à Rome. C'est une de celles où l'Albane a développé son propre caractère pittoresque, ce caractère aimable qui est à lui seul : tout y respire l'enjouement. Ces tritons, folâtrant sur l'onde, sont l'agilité même; ces nymphes qui s'ébattent avec eux sont légères comme l'air; la belle Galathée, par ses charmes, enchante et désespère l'amoureux Polyphème.

3. *La sainte Famille, sainte Élisabeth et saint Jean-Baptiste encore enfant.* Bois, hauteur 18 pouces, largeur 24.

Une querelle enfantine s'est élevée entre Jésus et saint Jean-Baptiste, tous deux accompagnés de leurs tendres mères. Le dernier, chagrin de voir sa croix entre les mains de Jésus, la redemande avec instance, et fait un mouvement comme pour la reprendre. Marie, qu'un sentiment bien naturel excite à protéger son fils qui se réfugie dans ses bras, fait à celui de sa cousine un signe de la main, pour l'engager à se contenir et à montrer plus de complaisance. Au bruit causé par cette innocente dispute, saint Joseph, un livre à la main, interrompt sa lecture, et se retourne en jetant un regard sévère sur les deux enfans.

ANDREA DEL SARTO (Andrea VANNUCCI, plus communément appelé).

4. *La Vierge et son fils au milieu de plusieurs saints personnages.* Bois, hauteur 8¼ pouces, largeur 68 p. 6 lignes.

La Vierge, assise sur un nuage soutenu par deux chérubins, tient dans ses bras le divin fils dont la seule volonté de l'Éternel l'a rendue mère. La douce majesté de ses traits, leur calme gracieux, expriment à-la-fois et sa félicité pure, et le rang qu'elle tient parmi les élus. À son attention mêlée de bonté, on juge qu'elle écoute favorablement des prières qui lui sont adressées. Plus bas que Marie sont représentés, à sa droite, saint Pierre tenant les clefs du ciel, saint Benoît et saint Celse; à sa gauche, l'évangéliste saint Marc, saint Antoine de Padoue et sainte Catherine d'Alexandrie. La chaste épouse de Jésus est à genoux ainsi que saint Celse, en face duquel elle est placée; les autres personnages sont debout. Sur un plan inférieur et supposé hors du tableau, sont encore représentés saint Onofre et sainte Julie, l'un et l'autre vus à mi-corps.

Il est à croire que ces bienheureux sont réunis autour de la reine du ciel, dans le dessein de l'invoquer en faveur des fidèles qui ont eu recours à leur intercession.

Cet admirable tableau, beaucoup plus capital, et peut-être plus parfait que tous ceux qui ornent le Musée royal de France, porte la date de M. D. XXVIII, et fut peint à la demande d'un sieur Julien Scala, pour un couvent de Dominicains, fondé à Sarzana. De cette ville il fut transporté à Gênes, où il est long-temps resté dans le palais de la famille Mari. Vasari le cite dans la vie de l'auteur, et en parle de cette manière : *Gli fece fare Giuliano Scala, per mandare a Serrazzana, in una tavola una nostra Donna a sedere col figlio in collo, et due mezze figure dalle ginocchia, in su Celso, et santa Giulia, s. Onofrio, santa Catherina, s. Benedetto, s. Antonio da Padoa, s. Piero e s. Marco; la qual tavola fu tenuta simile all altre cose d'Andrea.* Ces derniers mots de Vasari ne laissent aucun doute sur le grand cas qu'on faisait de ce beau tableau à l'époque où il écrivait. *On le compare*, dit-il, *à tous les autres ouvrages d'André*, c'est-à-dire à tous ceux dont lui, Vasari, donne la liste, et qu'on regardait, de son vivant, comme les plus beaux et les plus propres à illustrer leur auteur.

A ce témoignage si favorable à notre tableau, nous allons en ajouter un autre, qui est encore d'un plus grand poids. L'abbé Lanzi, auteur moderne, dont le jugement a pour base une opinion accréditée depuis plusieurs siècles, nous dit, dans son Histoire pittoresque de l'Italie, que le meilleur morceau que les étrangers aient, de la main d'André, est peut-être le tableau passé de l'église des Dominicains de Sarzane dans un palais de Gênes : *Il miglior pezzo, che ne abbiano gli esteri, è forse la tavola passata in un palazzo di Genova della chiesa de' Domenicani di Sarzana. E composta sul gusto di F. Bartolommeo ; e oltre i SS. collocati diutorno a N. Donna e su' gradi, quattro in piedi, e due ginocchioni, ve ne sono nell' innanzi del quadro due assai grandi che spuntano quasi da inferior piano, e veggonsi fino al ginocchio.*

La disposition symétrique des figures qui a donné lieu à la remarque de Lanzi (*composta sul gusto di F. Bartolommeo*), était devenue un usage auquel se soumirent tous les peintres, sans en excepter Raphaël : on pourrait même dire qu'ici cette disposition s'accorde avec le sujet du tableau. Marie, reine des cieux, est assise sur un trône : l'ordre parfait qu'observent les huit personnages rangés au-dessous d'elle, est l'effet d'une sorte de bienséance, et l'une des marques du respect religieux dont ils sont pénétrés. D'ailleurs, avec cet ordre, avec cette simplicité apparente, quelle variété dans les poses, les caractères et les expressions de toutes les figures ! quelle diversité, quelle fidélité dans leurs costumes ! quelle aisance dans leurs mouvemens ! quelle heureuse naïveté ! que de naturel ! A toutes ces belles parties qui distinguent spécialement les ouvrages d'André, se joignent une facilité, une suavité de pinceau, une force, une vérité de coloris qu'on ne saurait trop admirer.

5. *Portrait en pied de Baccio Bandinelli*, peintre, sculpteur et architecte florentin. Bois, haut. 5¼ p., larg. 4 t.

Ce célèbre artiste, nu-tête, décoré d'une chaîne d'or, vêtu d'une espèce de soutanelle noire à collet tombant, est assis les cuisses croisées l'une sur l'autre, et fait face au spectateur. De la main droite, il fait remarquer un dessin qu'il tient de la gauche, et dans lequel est représenté Abel terrassé, d'un coup de massue, par le féroce Caïn.

Ce dessin, les colonnes qui ornent le fond du tableau, et les fragmens de sculpture qu'on voit aux pieds de Bandinelli, nous rappellent les trois arts dans lesquels ce grand homme s'est rendu fameux.

Ce précieux ouvrage était ci-devant à *Capo di Monte*. Vasari, qui le cite dans ses Vies des Peintres (*Vite de piu eccelenti Pittori*), dit, à cette occasion, que Baccio Bandinelli, désirant prendre des leçons de coloris, et ne connaissant personne qui pût lui en donner de meilleures qu'André del Sarto, se fit peindre par lui d'une manière très ressemblante (*venne in quel tempo desiderio a Baccio Bandinelli, allora designatore molto stimato, d'imparare a colorire a olio; onde conoscendo che niuno in Fiorenza cio meglio sapea fare d'esso Andrea, gli fece fare un ritratto di sei che somoglio molto*, etc.) En effet, André se montre ici avec les talens qui distinguent les grands coloristes; autant ses teintes locales sont vraies et savamment unies entre elles, autant elles nous présentent de vigueur et de magie dans leur ensemble, autant l'effet en est enchanteur.

6. *Portrait de jeune homme* représenté en buste, nu-tête et vêtu de noir. Bois, haut. 25 p., larg. 20.

BONACCORSI (Perino Bonaccorsi, ou Perino de Ceri, et plus souvent Perino del Vaga).

7. *Le lever de l'enfant Jésus*. Bois, haut. 37 p., larg. 35.

L'enfant Jésus sortant de son berceau, se précipite dans les bras de sa mère, qui a mis un genou en terre pour le recevoir. A son lever assiste sainte Catherine tenant le petit saint Jean-Baptiste par la main : saint Joseph, placé derrière son épouse, est accoudé sur un piédestal de colonne, et regarde son fils adoptif avec gravité.

Ce tableau sort de la belle collection que M. le comte de La Forêt avait formée en Espagne pendant le cours de son ambassade, et que nous fûmes chargés de vendre au commencement de janvier 1822.

BONIFAZIO (le Vénitien).

8. *La sainte Famille* accompagnée de la Madeleine.
Toile, haut. 49 p., larg. 64.

La Vierge, tenant l'enfant Jésus sur elle, est assise sur le devant d'un paysage, entre la Madeleine et saint Joseph. Celui-ci, le corps penché en avant, et s'appuyant sur son bâton, regarde attentivement la célèbre pécheresse, dont l'action exprime tout-à-la-fois sa vénération pour le fils de Marie, et le désir qu'elle a de recevoir cet enfant divin dans ses bras. Par terre, à côté de Madeleine, est un vase à parfums, son symbole ordinaire.

Ce tableau, qu'on voyait autrefois à Rome dans le palais Pezzera, est un des bons ouvrages de Bonifazio. On y remarque, avec le coloris du Titien, un dessin svelte et un bon goût d'ajustement.

BORDONE (Paris).

9. *Tableau de Famille*, provenant du palais Colonna.
Toile, haut. 25 p., larg. 30.

Il représente, avec beaucoup de vérité, un noble Vénitien et ses deux fils, âgés d'environ neuf à dix ans. Tous trois sont vêtus de noir, et portent le collet de la chemise rabattu sur l'habit. Un livre fermé, que tient un de ces enfans, semble indiquer qu'il récite une leçon devant son père. On voit à gauche, dans le haut du tableau, les armoiries du principal personnage; à droite, son âge, avec la date de 1529.

BRONZINO (Angiolo).

10. *Portrait de Femme*. Bois, haut. 26 p., larg. 21.

Cette femme représentée en buste et presque de face, est jeune et d'une figure agréable. Ses cheveux sont ornés d'un rang de perles placé au-dessous d'une espèce de diadême; son corps est couvert d'une robe verte un peu montante, enrichie au milieu de la poitrine d'une agrafe ou autre objet de parure en diamans.

CALIARI (Carlo, et plus communément Carletto).

11. *La reine de Saba* rendant hommage à Salomon, tableau provenant du palais Forianini. Toile, haut. 67 p. (5 pieds 7 p.), larg. 192 p. (16 pieds).

Salomon, assis sur son trône, en dehors de son palais, se penche affectueusement vers Nicausis, reine de Saba, qui vient lui rendre hommage comme au plus sage des hommes. Cette princesse, accompagnée de quatre dames et d'un jeune page qui lui relève sa robe, est en outre suivie de deux valets. Une des dames porte un petit chien dans ses bras; les valets conduisent un cheval et un chameau qui sans doute sont chargés de riches présens destinés au roi d'Israël. Un garde et quatre autres personnages sont placés aux deux côtés du trône. On voit, dans le fond du tableau, un mur de jardin surmonté de charmille et attenant au palais. Les figures sont de grandeur naturelle.

Cette production de Carlo Caliari réunit le naturel à la

richesse et à la variété, la fraîcheur à une grande force de coloris, la facilité du pinceau à beaucoup d'empâtement. Il y a du gracieux dans les têtes de femme, et dans tous les personnages beaucoup de mouvement.

CARACHE (Annibale CARACCI, appelé en français le).

12. *Madeleine* en prière. Toile, hauteur, 36 pouces, largeur 29.

Cette belle figure est représentée un genou en terre, le bras droit tendu en avant, et tenant de la main gauche un des bouts de son voile qu'elle relève au-dessus de sa poitrine. D'amples draperies couvrent modestement son corps sans en dérober les formes; son expression est celle d'une âme agitée par de vifs repentirs et implorant la clémence divine.

CESTO (CESARE DA).

13. *Trois Tableaux* représentant trois des principales déesses de la Fable, Junon, Diane et Vénus. Bois, hauteur, 42 p., largeur 22.

Junon. Elle n'a d'autre parure qu'un collier de perles entremêlées de rubis, et les charmes naturels de son corps. Dans cet état, et au milieu d'une petite chambre à coucher, l'orgueilleuse épouse de Jupiter serait prise pour une simple mortelle, si on ne la voyait caresser un des oiseaux qu'elle a coutume de faire atteler à son char.

14. *Diane*. La déesse de la chasse s'appuie de la main gauche sur son arc, et de l'autre main tire une flèche de son carquois qu'elle porte suspendu sur ses épaules. Aucune draperie ne gêne ses mouvemens; toutes les parties de son corps expriment la force et la légèreté. Non loin

d'elle est une forêt à l'entrée de laquelle on remarque un cerf.

15. *Vénus*. Le malicieux Cupidon, l'arc en main, les ailes déployées, est debout sur un petit banc à côté de sa mère, et fait naître sur sa bouche un léger sourire en lui touchant le bout du sein. Comme Diane et Junon, l'aimable Cypris est entièrement nue, et semble disputer avec elles de beauté.

Ces trois figures, qui se ressentent du style de Léonard, sont d'un dessin gracieux, d'un grand relief et d'un beau coloris. Le caractère de chacune d'elles est en outre bien rendu ; l'orgueilleuse Junon est grave ; Diane ne songe qu'à ses flèches ; le sourire de Vénus est celui de la volupté.

CORRÉGE (Antonio ALLEGRI, dit le).

16. *La sainte Famille*. Bois, hauteur 12 pouces 9 lignes, largeur 9 p. 6 lig.

La Vierge, assise près d'un arbre, habille son fils qu'elle tient sur ses genoux. L'enfant s'agite, et ses vêtemens légers relevés par la vivacité de ses mouvemens, laissent à découvert la partie inférieure de son corps. Dans ce moment un tendre sourire vient effleurer les lèvres de l'heureuse mère, et pour contenir un peu Jésus, elle retient mollement une de ses petites mains, tandis qu'elle presse l'autre contre son sein. A terre, près de Marie, est une corbeille de jonc où se trouve une paire de ciseaux. Sur un plan reculé, saint Joseph s'occupe à raboter une pièce de bois placée sur son établi.

Ce précieux tableau, cité par plus d'un auteur, a fait partie de la collection des rois d'Espagne, et se voyait du temps de Mengs dans le cabinet de la princesse des Asturies. Voici ce qu'en dit cet écrivain célèbre dans plusieurs endroits de ses œuvres, et notamment dans sa lettre à Don Antonio Ponz.

Il y a peu d'ouvrages du Corrège ; mais comme chaque production de ce grand maître nous présente toute la magie de l'art, les deux seules qui soient dans ce palais suffisent pour nous donner une idée du talent supérieur de cet artiste. Dans la Vierge qui met des langes à l'enfant, il a donné aux mouvemens de ces deux figures une variété étonnante. On est surpris que, n'ayant pas deux palmes de hauteur, elles produisent un si grand effet à une distance assez considérable ; car on croirait qu'elles excèdent leur grandeur réelle. . . . . . . L'enfant est d'un travail fini, non-seulement pour l'intelligence du clair-obscur, mais encore pour le coloris, pour l'empâtement des couleurs, pour la grande grâce qui y règne. . . . . Dans le lointain est saint Joseph qui rabote une planche, figure dont la dégradation des contours nous montre combien le Corrège était grand maître dans l'intelligence de cette partie qu'on appelle la perspective aérienne. . . . . etc.

Quoique de pareils éloges, dictés par un esprit aussi juste, suffisent sans doute pour fixer l'opinion générale sur l'éminent mérite et la haute valeur du tableau qui les a obtenus, nous nous permettrons d'y ajouter que dans beaucoup d'ouvrages du Corrège on ne trouve point portés au même degré de perfection que dans celui-ci, cette douce et attachante harmonie, ce coloris aérien, cette tranquillité d'effet que le même écrivain a si bien nommés l'idéal du clair-obscur.

Nous ajouterons encore que ce qui nous a le plus frappés en considérant ce précieux tableau, c'est l'expression de la Vierge, c'est-à-dire cette grâce naïve, cette candeur, cette innocence qui, en s'unissant sur sa figure à tout ce que l'amour maternel peut exprimer de tendre, peignent si bien aux yeux ce que l'entendement humain ne peut saisir, l'idée d'une Vierge-mère. Comment cette expression mixte, cette union parfaite de deux situations de l'âme, si opposées, a-t-elle pu échapper à Mengs! c'est en cela, selon nous, que consiste la principale beauté de cette peinture incomparable.

François Aquila fit en 1691 une gravure de ce tableau, qu'il dédia à Pietro Bellori.

17. *Portrait d'homme*, figure à mi-corps. Toile, hauteur 26 pouces, largeur 19.

Suivant la tradition, nous voyons dans ce portrait le médecin (1) du Corrège. Il est représenté à mi-corps, la tête de trois quarts, s'appuyant du coude droit sur un tapis, et tenant un livre des deux mains. Une toque carrée couvre sa tête : le reste de son ajustement se compose d'une robe noire sans manches, accompagnée d'un pourpoint violâtre garni de manchettes plissées. Une barbe noire, un sourcil épais, abaissé, lui donnent un air sévère ; et, quoique son regard soit dirigé sur le spectateur, toute sa figure n'en exprime pas moins une grande tension d'esprit.

Tout ce qu'on a écrit touchant la singulière beauté des ouvrages du Corrège pourrait s'appliquer mot pour mot à ce portrait. Outre qu'il est d'une expression frappante, il

---

(1) Le médecin du Corrège était aussi son ami, et se nommait, à ce qu'il paraît, Grilenzone (Francesco). Un autre Grilenzone (Giovanni), qui peut-être était de la même famille, a rendu ce nom fameux dans la Bibliothèque modénaise de Girolamo Tiraboschi.

étonne encore par la vérité et l'apparente mollesse des chairs, par un relief, une magie, une douceur de contours, une fonte et une union de couleurs qu'on croirait être le produit d'un seul jet, plutôt que le résultat d'un long travail.

Ce bel ouvrage a fait partie des richesses pittoresques de Capo di Monte.

18. *La Sainte Famille*. Bois, hauteur 46 p., largeur 37.

La sainte Vierge, assise sur un banc de gazon, au pied d'un figuier, soutient l'enfant Jésus qui serre le petit saint Jean-Baptiste dans ses bras. Celui-ci, à genoux devant le Sauveur, l'embrasse avec tendresse et respect. A droite, une jeune femme debout, c'est probablement sainte Élisabeth, abaisse à la portée des enfans une branche de figuier chargée de fruits.

Ce tableau est capital; il est en outre d'un aspect très flatteur, tant à cause de sa composition et de son coloris, qu'à cause de la figure de la Vierge, qui nous semble on ne peut plus gracieuse. Mais on ne peut dire avec la même vérité qu'il soit ni du bon temps de l'auteur, ni de sa belle manière : il a d'ailleurs éprouvé quelques dommages qu'il a fallu restaurer : où trouver un artiste qui puisse bien restaurer un Corrège? Pour ne rien passer sous silence de ce qui peut éclairer les amateurs et prouver notre bonne foi, nous croyons devoir ajouter que des personnes instruites n'ont vu dans ce tableau qu'un bel ouvrage de Pomponio, fils du Corrège.

19. *Notre Seigneur au Jardin des Oliviers*. Ancienne copie peinte sur bois; hauteur 14 p., largeur 15 p. 5 l.

Jésus à genoux, les yeux tournés vers le ciel, offre à son père le sacrifice auguste qu'il va consommer pour le genre humain. A côté de lui est un ange qui, d'une main, indique le ciel, comme pour dire que c'est par la volonté de l'Eternel que le Messie accepte la passion dont il montre les signes de l'autre main. Une lumière divine éclaire l'ange et le Sauveur. Sur le reste de la scène s'étendent les ombres de la nuit: cependant à travers ces ombres on distingue les disciples endormis, et plus loin les gardes qui viennent se saisir de Jésus.

Cette excellente copie, qu'on croit de la main de Schidône, a été faite d'après un tableau qui servait autrefois de pendant à celui que nous venons de décrire.

DOLCI (Carlo).

20. *L'Ange Gabriel*, demi-figure. Toile, hauteur 18 p. 6 l., largeur 14 p.

L'ange Gabriel, les yeux baissés et les mains croisées sur la poitrine, salue la Vierge Marie et lui annonce qu'elle deviendra mère par la sainte volonté du Tout-Puissant.

Sur une tunique brodée en or, le brillant messager de Dieu porte un autre vêtement bleu, sans manches, sur lequel on remarque, à l'endroit de la poitrine, une espèce d'agrafe enrichie de perles et de diamans.

L'attitude de Gabriel est celle de la vénération et du respect; la candeur siége sur son front, sa physionomie est véritablement céleste.

Ce tableau a pour pendant celui que nous allons décrire, et tous deux ont orné le palais des rois de Sardaigne.

21. *La Vierge Marie*, demi-figure. Hauteur 18 p., largeur 14.

Marie, la tête et les épaules couvertes d'un manteau bleu, s'humilie devant l'envoyé du Très-Haut, et lui répond, les mains jointes et les yeux baissés : *Je suis la servante du Seigneur; qu'il me soit fait selon votre parole*. Avec quelle sérénité d'âme, avec quelle grâce ingénue Marie prononce ces mots et montre son obéissance envers le Seigneur! que de modestie et d'humilité dans ses traits ainsi que dans son maintien!

Ces deux peintures ont le double mérite de parler au cœur et aux yeux par la vérité, la grâce, le charme infini que l'art y a répandus. Le rang qu'elles ont occupé dans la galerie royale de Sardaigne, marque celui qu'elles doivent avoir désormais : les chefs-d'œuvre dans tous les genres, soit comme source d'instruction, soit comme type des talens de leurs auteurs, ou comme monument de leur gloire, nous semblent avoir droit à une place dans les musées.

22. *Le Christ au Roseau*, buste de proportion naturelle.
Toile, hauteur 18 p. 6 l., largeur 14 p.

Abreuvé d'humiliations, couronné d'épines, le corps à moitié nu et couvert des marques sanglantes d'un infamant supplice, Jésus éprouve intérieurement tout ce que son état a de pénible, et conserve en même temps le grand caractère qu'il tient de sa divine essence.

La douleur altère visiblement ses traits, mais elle n'en efface ni l'extrême douceur, ni la sublime résignation.

Entre les peintres italiens, le Dolci est un des plus parfaits imitateurs de la nature : aucun n'eut une exécution plus belle, plus soignée que la sienne; aucun ne sut mêler plus de candeur aux affections qui émanent de la piété, ni les rendre avec plus d'onction. Les deux figures de Gabriel et de Marie, que nous venons de décrire, flattent la vue; celle du Christ a moins d'éclat, parce que l'éclat ne convient point à un sujet de cette gravité. Du reste, quel admirable pinceau dans ces trois têtes! quelle étonnante vigueur dans le coloris!

Une remarque que nous croyons communiquer à nos lecteurs, c'est qu'en considérant ce dernier tableau avec soin, on y découvre que l'auteur s'est servi d'or délayé pour toucher la partie éclairée de plusieurs mèches de cheveux. Ce procédé avait sans doute pour but de rendre ces lumières plus nettes, plus brillantes, et d'autant plus durables, que l'or ne peut être absorbé par ce que les peintres nomment les dessous, c'est-à-dire par les couleurs sur lesquelles il est appliqué.

23. *L'Ange Gardien*, figure entière et de grandeur naturelle. Toile, hauteur 63 p., largeur 46.

Cet ange est représenté les ailes déployées, traversant les airs et se dirigeant vers les cieux; il étend la main gauche vers la terre, et montre de la droite l'éternel séjour, comme pour dire aux hommes: Voilà où doivent tendre vos pensées et vos actions; voilà où la clémence infinie vous invite à venir participer à ses bienfaits.

On trouve rarement de la main de Dolci, des figures qui soient tout-à-la-fois entières et de grandeur naturelle. Celle-ci, déjà remarquable par cette circonstance même, l'est encore en ce qu'elle prouve que son auteur, ordinairement si recherché, si soigneux dans sa manière de peindre, a su l'agrandir quand des causes particulières lui en ont fait une obligation.

FONTEBASSO (Francesco).

24. *La Nativité*. Toile, hauteur 75 p., largeur 57.

Un vénérable vieillard se prosterne humblement devant le Sauveur nouvellement né, que la Vierge tient dans ses bras. A ce premier hommage rendu au Fils de Dieu, assiste un chœur d'anges rangés à genoux autour de lui; d'autres anges, sur des nuages, célèbrent, par de saints cantiques, la gloire du Très-Haut, les vertus de Marie, et l'ineffable mystère qui vient de s'opérer.

Une grande richesse de composition, une exécution toute d'enthousiasme, sont les deux qualités les plus remarquables de ce tableau.

GAROFILO (BENVENUTO TISIO DA).

25. *Lapidation de saint Étienne.* Composition de plus de trente figures, dont les principales sont presque de grandeur naturelle. Toile (1), hauteur 102 pouces, largeur 74.

Saint Étienne, l'un des sept diacres choisis par les apôtres pour répandre la foi, est le premier martyr du christianisme. Les Juifs l'ayant accusé d'avoir blasphémé contre Moïse et contre Dieu, il fut cité devant les juges de Jérusalem, qui le condamnèrent à la lapidation, supplice ordonné par la loi contre les blasphémateurs.

Au moment de son supplice le saint diacre implora la miséricorde divine en faveur de ses ennemis, et dit à ses bourreaux qu'il *voyait le ciel ouvert, et le Christ assis à côté de son père.*

Le moment où Étienne profère ces mots est celui que les peintres ont toujours choisi pour représenter son mar-

---

(1) Ce tableau était sur bois. On l'a tout nouvellement fait enlever et transporter sur toile par H. Haquin; le panneau était si vermoulu qu'il tombait en poussière à la moindre secousse qu'on lui faisait éprouver.

tyre. La présence de Dieu le Père et de Dieu le Fils enrichit la composition en même temps qu'elle sert à expliquer les dernières paroles du saint; c'est aussi l'instant où le caractère de ce dernier se montre dans toute sa sublimité.

À genoux, résigné aux souffrances du plus affreux martyre, les regards tournés vers le ciel, Étienne implore la clémence divine en faveur de ses bourreaux : la charité, la foi, l'espoir encourageant d'une éternelle félicité, s'unissent, sur son visage, à la candeur la plus touchante, et lui donnent une expression qu'il est moins facile de décrire que d'admirer. Cinq à six Juifs, la férocité peinte sur la figure, les mains armées de grosses pierres, ont les bras levés et sont prêts à le frapper; d'autres, en plus grand nombre, s'agitent violemment et montrent toute la rage avec laquelle ils vont prendre part à sa mort. Dans ce moment le ciel s'ouvre aux yeux du martyr; il y voit Dieu le Père au milieu d'une gloire, et Dieu le Fils qui s'avance sur un nuage, accompagné de plusieurs anges, pour être témoin d'une constance, d'un dévouement qu'il va bientôt récompenser.

Garofilo ne pouvait choisir un sujet plus propre à lui fournir les moyens de développer ses talens, soit pour la pantomime, soit pour l'expression des affections de l'âme, soit pour le paysage, qu'il traitait beaucoup mieux qu'aucun autre élève de Raphaël. Les fonds de son tableau sont d'une beauté singulière, d'une force et d'une fraîcheur de coloris étonnantes. Les caractères de ses figures sont vrais et bien sentis; la haine, l'animosité, la fureur, animent les bourreaux; dans les traits de la sainte victime brillent la sécurité de son âme, sa profonde confiance dans le Dieu qu'elle aperçoit et auquel elle aspire d'être unie dans l'éternité.

Ce qui fait encore ressortir d'une manière très sensible le

mouvement de toutes ces figures, c'est le calme qui règne parmi celles qui forment la cour céleste. Quel contraste entre leur impassibilité surnaturelle et les passions qui agitent si vivement le cœur humain !

On lit sur ce tableau le nom de son auteur et la date de 1540 (BEVENUTO GAROFILO (1). C'est de ce maître l'ouvrage le plus capital qu'on ait vu à Paris, et nous doutons qu'il en existe un autre de cette importance dans aucun musée. Il a long-temps orné la riche galerie de Michel-Ange Cambiaso, sénateur et doge de Gênes.

GASPRE (GASPARO DUGUET, dit le).

26. *Paysage*. Toile, hauteur 44 p., largeur 61 p.

D'antiques arbres et des masses de rochers couverts d'arbustes occupent, à droite, une partie des devans de ce tableau. A gauche sont d'autres arbres, au-delà desquels la vue parcourt une campagne profonde, ornée de quelques fabriques, baignée par un fleuve et terminée par d'arides montagnes. Un limpide ruisseau, descendant par cascades le long des rochers, coule sur le premier plan, et y répand une fraîcheur que se plaisent à goûter la déesse des bois et trois ou quatre de ses nymphes. Plus loin on aperçoit deux autres nymphes parcourant la campagne.

Ce magnifique paysage provient de la galerie Falconieri ; la couleur en est sévère, le site imposant et sauvage. A son aspect, on se rappelle ces chênes altiers, ces épais feuillages, ces forêts sombres, ces bois sacrés qui, selon les poètes, inspirent la mélancolie et quelquefois une sorte de respect ; ces lieux tranquilles et solitaires, où les faunes

---

(1) Les auteurs écrivent Garofolo.

poursuivaient les bacchantes, où Diane et les nymphes de sa suite se dérobaient aux regards des profanes chasseurs.

Les figures sont de la main de Piètre de Cortone.

27 et 28. Deux Paysages peints sur la toile à la détrempe.

Le Même et CIGNIANI (Carlo).

29. *Diane surprise au bain par Actéon*. Toile, hauteur 24 pouces, largeur 30 p.

La chaste déesse, près d'une rivière où elle se baignait avec ses nymphes, change Actéon en cerf, pour le punir de la témérité qu'il a eue de jeter les yeux sur elle.

Ces figures sont de Carlo Cigniani. Le paysage est une production de la jeunesse du Gaspre.

GUERCHIN (Gio Francesco Barbieri, dit le).

30. *Marie devant le corps de Jésus-Christ*. Toile, hauteur 10 pieds, larg. 6 pieds 6 pouces.

Les amis de Jésus, après avoir détaché son corps de la croix, l'ont déposé sur son tombeau, et sont allés se procurer les choses nécessaires à sa sépulture. Pendant ce temps, la Vierge, demeurée seule, veille sur les restes inanimés de son fils. Debout, les bras tendus, les yeux fixés sur ces restes chéris, elle ne peut se lasser de les contempler, comme si leur vue allégeait les souffrances de son cœur. On aperçoit au loin le mont Golgotha et les trois croix.

Ce tableau est un de ceux qui ont décoré le palais Colonna. Le Guerchin l'a peint dans le temps de sa plus grande force. L'effet en est large, la couleur brillante, la composition d'une heureuse simplicité. La douleur de Marie est sagement rendue, et le corps du Christ, que les disciples ont assis sur la pierre de son sépulcre, au lieu de le laisser étendu par terre, nous montre la pieuse vénération qu'ils ont encore pour lui. Ses souffrances, les insultes qu'il a endurées, nous sont rappelées par la couronne d'épines qui est à terre : d'épais nuages qui se dissipent, font ressouvenir des ténèbres qui ont couvert le ciel, et des autres prodiges qui se sont opérés au moment où le Sauveur expirait sur la croix.

31. *L'Amour*. Toile, hauteur 19 p., largeur 16 p.

Un enfant à chevelure blonde, le corps entièrement nu et vu jusqu'à la ceinture, tient dans sa main gauche une fleur de muguet; de la droite il porte sous son nez un bouton de rose à demi-éclos, dont il respire l'odeur. A l'air malicieux qui se peint dans son regard et sur toute sa jolie figure, il est facile de deviner que c'est l'Amour.

Ce petit tableau, d'un *faire* suave et léger, est aussi d'un coloris clair et agréable, qui se rapporte à la seconde manière du Guerchin.

JULES ROMAIN.

32. *L'Enfance de Jupiter*, peint sur bois, hauteur 39 p., largeur 66 p.

Ce tableau a tenu un rang distingué parmi ceux qui composaient la fameuse collection des ducs d'Orléans, gravée sous le titre de *Galerie du Palais-Royal*. On le trouve cité dans l'*Abrégé de la vie des plus fameux Peintres*, et décrit dans un catalogue (1) qui fut publié dès 1720, par Dubois de Saint-Gelais. Mais quelque brillans que soient ces titres, ils lui impriment moins d'éclat et de valeur que les charmes que l'art même y a répandus. Jules Romain, partisan du grand style de Michel-Ange, n'a pas toujours aussi complétement réussi dans les sujets qui demandent de la grâce et de l'aménité, témoin, entr'autres, son tableau de Vénus et Vulcain qu'on voit au Musée Royal.

Dans une petite île tapissée de verdure, des nymphes réunies à des corybantes, prennent soin de l'enfance de Jupiter, que Rhéa, sa mère, leur a confié pour l'élever. Le jeune dieu, couché sur un linge dans un berceau formé de branches entrelacées, vient de fermer les yeux et de s'endormir. Deux des nymphes le couvrent d'un léger voile ; une autre, au pied du berceau, se tourne vers trois de ses compagnes pour les avertir du sommeil de leur divin nourrisson. Ces dernières, assises à main gauche sur le bord de l'eau qui embrasse leur île, sont accompagnées de deux curètes, ou prêtres de Cybèle, et tiennent ainsi qu'eux des instrumens dont elles font usage pour empêcher que les cris de l'enfant ne parviennent jusqu'aux oreilles de Saturne. A main droite, et aussi sur la rive, est un autre groupe composé de trois nymphes, et d'un jeune homme sonnant de la trompe.

A l'extrémité de la petite île s'élève un bouquet d'arbres auxquels pendent en festons des vignes chargées de leurs fruits.

Le commerce, dans quelque pays que ce soit, ne fournirait vraisemblablement pas un second tableau de Jules Romain aussi authentique, aussi capital, aussi agréable que celui que nous venons de décrire, et cette dernière qualité

---

(1) Description des tableaux du Palais-Royal, pag. 275.

nous semble d'autant plus précieuse ici, qu'elle n'est pas toujours le partage des productions de l'auteur, comme nous l'avons observé quelques lignes plus haut. Toutefois l'amabilité, la finesse et les autres agrémens qui plaisent dans ce tableau, n'en ont exclu ni l'élévation ni la sublimité ; la symétrie même qui y règne dans l'arrangement des figures, ne leur ôte ni la vie ni l'action.

Ces figures, hautes à-peu-près de 19 pouces, sont dessinées dans le goût de l'antique, pour lequel Jules Romain avait une grande propension. Quant à la couleur, elle est d'une fraîcheur exquise, d'une vérité *titienesque*, ce qui est encore ici une particularité très remarquable.

33. LÉONARD DE VINCI (LEONARDO DA VINCI).

34. *La Vierge et l'Enfant-Jésus.* Bois, hauteur 23 p. 6 l., largeur 17 p. 6 l.

L'Enfant-Jésus, assis sur le bras droit de la Vierge Marie qui le porte au cou, passe sa main gauche sous le menton de sa tendre mère, et lui exprime par ses caresses le sentiment d'amour qui commence à germer dans son cœur. Cependant, distrait par quelque chose qui attire sa vue, il tourne la tête vers le spectateur et semble le regarder : Marie porte également ses modestes regards au-dehors du tableau.

Jésus est représenté nu, suivant l'usage de tous les peintres. La Vierge, vêtue d'une robe rouge et d'un manteau bleu, son habillement ordinaire, incline un peu la tête vers l'épaule gauche, et n'est vue qu'à mi-corps.

Dans ce tableau qui vient de la Casa Asaciel, nous voyons ce que la nature a de plus aimable, de plus attachant, et, en conséquence, ce que l'art peut choisir de plus propre à charmer tous les yeux. Marie et son enfant ! quelle source infinie d'agrémens sous le pinceau délicat de Léonard, sous ce pinceau presque divin, dont les œuvres, selon Mengs, firent concevoir à Raphaël les premières idées de l'expression ! Marie, telle que l'esprit se la figure, doit plaire surtout par le doux épanchement de sa tendresse pour son mystérieux fils, par l'expression naïve d'une âme encore vierge, par le sentiment intime d'un bonheur pur: et c'est ce que Léonard a rendu sans rien laisser échapper, ni des beautés inséparables de son sujet, ni de celles que le génie pouvait y ajouter. Modeste sans affectation, heureuse des caresses d'un fils qu'elle chérit et qu'elle adore, conservant encore toute sa première innocence, Marie regarde avec calme le spectateur; son âme céleste siège sur son front, c'est la candeur même, c'est Ève avant son péché. De cette expression merveilleuse de bonheur, de tendresse et de virginité qui relève les attraits de Marie, du mouvement aisé, modéré, délicat de sa tête tant soit peu inclinée, résulte une grâce sublime, une grâce vraiment idéale, bien différente de cette grâce factice que les peintres empruntent trop souvent de leurs modèles. Ce n'est point à vos sens, en un mot, que parle la divine Marie, c'est à votre âme.

Le petit Jésus, par sa vivacité enfantine, par la souplesse de toutes les parties de son corps, par sa jolie figure et sa grâce innocente, partage avec sa mère notre profonde admiration.

Ce précieux et rare tableau a été gravé deux fois.

35. D'après LÉONARD DE VINCI. Bois, hauteur de 24 p., largeur 18 p.

Dans un endroit désert et tout près d'un rocher dont ils semblent avoir choisi l'abri, deux enfans nus, assis par terre et se tenant étroitement embrassés, se livrent aux tendres caresses que leur inspire un sentiment affectueux.

LUINI (Lovini Bernardino da Luino, communément nommé).

36. *La Vierge allaitant son divin fils.* Bois, hauteur 24 p., largeur 18 p.

Représentée à mi-corps, la tête et les épaules couvertes de son manteau, Marie tient sur ses genoux son divin fils et le nourrit de son lait. L'enfant presse de ses petites mains le sein de sa mère, et semble craindre d'en être trop tôt séparé. La physionomie de la Vierge exprime particulièrement une grande douceur.

37. *Jésus* représenté en buste, les épaules couvertes d'un manteau. Bois, forme ovale, hauteur 12 p. 6 l., largeur 9 p. 6 l.

PADOUAN (Alessandro Varotari, dit le).

38. *Vénus et Adonis.* Tableau sur toile, hauteur 60 p., largeur 73 p.

Adonis, sans vêtemens et à demi-couché sur une draperie rouge, au pied d'un arbre, reçoit avec délices les caresses de Vénus. La déesse, mollement couchée près de son amant, approche ses lèvres des siennes, et s'enivre d'amour. Trois enfans ailés accompagnent Vénus; deux voltigent dans les branches d'un arbre et s'amusent avec une colombe qu'ils tiennent par les ailes, le troisième joue avec un des chiens de l'heureux chasseur.

Le Padouan, après avoir long-temps étudié les plus beaux ouvrages du Titien, finit par en approcher dans la couleur, dans la morbidesse des chairs, ainsi que dans l'art de ménager les demi-teintes et de former des oppositions. Ces belles parties de la peinture brillent ici dans tout leur éclat, et font ressortir avec avantage les charmes inséparables d'un sujet que la volupté même semble avoir inspiré à l'imagination de l'auteur.

Ce tableau a été tiré du palais Spada.

PARMESAN (Francesco Mazzuoli, dit *il Parmeggianino*, en français).

38. *Le Jugement de Pâris*. Bois, hauteur 23 p., largeur 16 p.

Jupiter ayant choisi Pâris pour terminer le différend survenu entre Junon, Pallas et Vénus, touchant la pomme jetée par la Discorde sur la table des dieux, ces trois déesses ne voulurent rien négliger de ce qui pouvait séduire leur juge, et se montrèrent devant lui sans autre ornement que leur propre beauté. C'est donc ainsi que le Parmesan a dû les offrir à nos regards.

Les trois rivales, debout devant le beau berger, se présentent à l'envi l'une de l'autre sous l'aspect qu'elles croient le plus avantageux à leurs charmes. Dans ce moment l'Amour décoche un trait du haut des airs, et ce trait, parvenu au cœur de Pâris, détermine son jugement : il tend la pomme à Vénus qu'un autre amour est prêt à couronner de fleurs.

Quoiqu'on ait toujours attribué ce tableau à François Mazzuoli, et que feu Le Brun se soit montré lui-même de cet avis, nous pensons qu'il serait plus convenable de le regarder comme un ouvrage de son cousin Jérôme Mazzuoli.

PARMESAN (d'après le).

39. *Copie* représentant l'Amour se taillant un arc. Toile ; hauteur 8 p., largeur 6.

PÉRUGIN, (Pietro VANNUCCI, dit le).

40. *La Vierge, l'Enfant Jésus, et plusieurs saints personnages.* Bois, diamètre, 48 p.

La Vierge Marie, assise sur un piédestal, et tenant sur elle le divin Jésus, est accompagnée de deux anges, de sainte Rose et de sainte Catherine. Cette dernière, une palme et un livre dans ses mains, est debout à la gauche de la Vierge : du côté opposé, et dans la même attitude, est placée l'autre sainte, portant un vase de cristal et une branche de rosier. Les deux anges, un peu en arrière, témoignent, les mains jointes et les yeux baissés, la profonde vénération que leur causent les vertus et l'élévation de Marie. Ces figures symétriquement arrangées, occupent le devant du paysage, dont toutes les parties sont d'une grande fraîcheur.

Le palais Corini, à Rome, possédait autrefois ce tableau. C'est à nos yeux une peinture aussi précieuse que rare, et l'un des meilleurs ouvrages de l'auteur. Il satisfait tout-à-la-fois par sa belle conservation, son extrême fini et la richesse de ses détails, par les airs de tête et la touchante simplicité de ses personnages, et enfin par cette grâce raphaëlesque qui, selon Lanzi, domine dans les derniers ouvrages du Pérugin, et les distingue éminemment de ceux de ses imitateurs.

C'est sans doute cette grâce infinie, jointe à tant d'autres perfections, qui a long-temps fait regarder ce tableau comme un ouvrage de la jeunesse de Raphaël.

PERUZZI (Bal. Dassare).

41. *L'adoration des Mages.* Bois, haut. 54 p., larg. 48.

Ce tableau, qu'Augustin Carrache trouva digne d'exercer son burin, se voyait du temps de cet artiste dans le palais du comte Constantin Bentivoglio, à Bologne. L'imagination des peintres n'a rien produit de plus riche ni de plus propre à entretenir une longue attention. Cinquante figures au moins, toutes variées dans leurs attitudes et dans leurs expressions, composent le sujet principal; autant d'autres, dispersées dans les fonds, concourent avec de belles fabriques à répandre de l'intérêt sur toutes les parties de la composition. Telle est, au surplus, l'infinité de détails qui abondent dans cet ouvrage, qu'on ne peut guère les décrire tous. Les étrangers qui voudront s'en faire une juste idée, pourront recourir à l'estampe d'Augustin Carrache.

Voici en peu de mots comment l'auteur a disposé son sujet :

Une grande arcade, reste encore imposant d'un antique édifice, s'élève au milieu même du tableau. Au pied de cette ruine repose la Vierge, accompagnée de saint Joseph, et tenant sur elle le divin fils qu'elle vient de mettre au monde.

En face de Marie sont placés les trois mages, qu'une partie de leur suite environne tumultueusement, tandis que l'autre, arrivant de tous côtés, s'étend encore au loin dans les campagnes.

Dans les airs apparaît Dieu le Père, porté sur les ailes des anges, au milieu d'un chœur qui célèbre la naissance et la gloire du Messie par un concert d'instrumens.

Aucun tableau de Peruzzi n'est peut-être plus propre que celui-ci à faire connaître toute l'étendue de son beau génie.

Richesse d'imagination, disposition savante dans les groupes, figures sveltes, expressives, bien variées, fabriques d'un grand goût, en un mot tout ce qui peut concourir à la composition d'un ouvrage du premier ordre s'y trouve réuni. Il étonne par l'air de mouvement qui y règne : la Vierge et l'enfant Jésus rappellent par leur noble simplicité, par leurs caractères de tête et leur grâce, les Vierges et les enfans de Raphaël.

PESARESE (Simone Cantarini, dit le).

42. *La Vierge apparaissant à sainte Thérèse.* Bois, haut. 20 p., larg. 13 p. 6 l.

La vierge Marie, assise sur un nuage, au milieu d'un nombreux chœur d'anges qui célèbrent ses vertus, tient sur elle le fils de Dieu, et apparaît à sainte Thérèse, fondatrice de plusieurs ordres religieux. La sainte, à genoux, contemple Jésus et lui exprime, la main sur le cœur, le fervent amour dont elle est enflammée. Saint Joseph, caractérisé par des instrumens de sa profession, est debout en face de Thérèse, et semble appeler sur elle l'attention du spectateur.

La couleur grave de ce tableau, sa simplicité, lui donnent quelque ressemblance avec ceux de Louis Carrache.

RAPHAEL (école de).

43. *La vision d'Ezéchiel.* Bois, haut. 16 p., larg. 12.

Le Seigneur, sur un nuage, est supporté par un ange, un aigle, un bœuf et un lion, figures symboliques des quatre évangélistes ; deux séraphins soutiennent les bras du Seigneur ; un rayon de lumière s'échappe du nuage vers la terre, où l'on aperçoit quelques personnages censés témoins de la vision.

Cette copie est assez exacte et assez belle pour être regardée comme un ouvrage du temps et de l'école même de Raphaël.

SALVATOR ROSA.

44. *Bataille sur terre*. Toile, haut. 54 p., larg. 82.

Deux armées ennemies se disputent le terrain qu'elles occupent, et l'action est devenue générale. Au centre, l'air est chargé des fumées de la mousqueterie; à l'une des ailes, sur le premier plan du tableau, les rangs sont confondus, le combat est engagé de corps à corps, les cavaliers sont mêlés avec les fantassins, et tous se défendent ou meurent avec un égal courage, avec la même fureur. De grands rochers couverts d'arbres resserrent à gauche le champ de bataille; on voit à droit les restes d'un antique palais.

Cette étonnante peinture donne une juste idée des horreurs d'une bataille. La valeur, la souffrance, la rage, le désespoir, animent toutes les figures; on croit entendre les cris des soldats et le bruit de leurs armes; on est tout pitié pour eux, et tout admiration pour le talent de celui qui les a peints. Ce tableau brillait autrefois parmi ceux qui composaient la galerie du palais Santa-Croce.

SCHIAVONE.

45. *Midas puni de sa stupidité*. Bois, haut. 18 p., larg. 29.

Pan, dit la fable, fier des éloges que sa flûte lui attirait de la part des nymphes, se crut au-dessus d'Apollon, et osa le défier. Tmole, pris pour juge de la dispute, prononce en faveur du dieu du Parnasse; mais Midas, qui se trouve là par hasard, condamne ce jugement.

Pan est ici représenté jouant d'un instrument champêtre, et charmant par ses sons les stupides oreilles de Midas, dont l'attitude exprime une profonde attention. Apollon, indigné que des oreilles si peu faites pour la musique, aient une forme humaine, veut qu'elles s'allongent et se couvrent de poils. Le vieux Tmole et une nymphe sont témoins de cette punition.

Ce tableau, pour être du nombre de ceux qui se ressentent de la manière expéditive à laquelle la misère de l'auteur le força souvent de recourir, n'en est pas moins digne de quelque attention. La couleur en est fraîche et belle, et soutient parfaitement la réputation de grand coloriste que le Schiavone s'est acquise.

SCHIDONE (Bartolomeo SCHEDONE, plus communément appelé).

46. *Triomphe de David.* Bois, haut. 22 p., larg. 62.

Les femmes de Sion, ayant à leur tête la fille du roi, viennent en dansant à la rencontre de David, qui porte la tête de Goliath au bout de l'épée même de ce géant. On voit à quelque distance le corps du Philistin étendu par terre, et plus loin son armée prête à se retirer.

Cette composition est beaucoup plus considérable que ne le sont en général celles de Schidone. A cette richesse se réunit une extrême fraîcheur de coloris et une grande fermeté de pinceau. Cette dernière particularité nous fait croire que cette production de Schidone est une de celles qui sont antérieures à l'étude qu'il fit de la manière du Corrège, après être sorti de l'école de Carrache.

SEBASTIEN DEL PIOMBO (Sebastiano del Piombo).

47. *La sainte Famille et saint Jean-Baptiste enfant.*
Toile, haut. 62 p., larg. 46.

Le fond de ce beau tableau représente un paysage. Sur le premier plan, saint Joseph, assis et presqu'en regard avec son épouse, tient sur ses genoux son enfant adoptif, que caresse le petit saint Jean. Marie soutient d'une main le fils de sa cousine, et paraît réfléchir profondément aux témoignages d'affection qu'il donne à Jésus.

Un coloris brillant, des draperies larges, un dessin plein de fierté, des parties qui rappellent en même temps le Titien et Michel-Ange, telles sont les grandes qualités qui distinguent cette production d'un peintre habile, qui ne craignait pas d'entrer en concurrence avec Raphaël.

SOLARIO (Andrea Solari ou del Gobbo, plus connu en France sous le nom de).

48. *La Mère de douleur.* Bois, hauteur 14 pouces, largeur 11 pouces 6 lignes.

La Vierge Marie est ici supposée pleurer la mort de Jésus-Christ. Elle est vue de trois quarts à mi-corps, les mains croisées sur sa poitrine, la tête couverte d'un voile et de son manteau. Dans ses regards pleins d'expression se peint d'une manière touchante le sentiment pénible dont son âme est agitée.

49. *Ecce Homo.* Bois, même grandeur que celle du précédent tableau, avec lequel celui-ci fait pendant.

Notre Seigneur, exposé par ses persécuteurs à l'ironie

du peuple juif, a les épaules couvertes d'un manteau d'écarlate, les bras attachés sur la poitrine avec une grosse corde, le front ceint d'une couronne d'épines, et tient, en guise de sceptre, un bout de roseau.

Dans cet état d'humiliation et de souffrance, Jésus baisse les yeux, montre une patience et une douceur admirables.

TINTORET (Jacopo ROBUSTI, dit *il* TINTORETTO, en français le).

50. *Portrait d'homme.* Toile, hauteur 44 pouces, largeur 38 pouces.

Il est représenté jusqu'à mi-cuisses, debout, tête nue et vêtu de noir; il a dans sa main gauche, qui est pendante, une paire de gants, et tient de la droite un des côtés de son habit.

Tous les portraits du Tintoret sont d'une grande vérité.

TITIEN (TIZIANO VECELLI).

51. *Portrait d'homme.* Toile, hauteur 39 p., largeur 24 pouces.

Ce portrait vient du palais Albani, si fameux par le riche assemblage d'objets d'arts qu'on y a long-temps admirés.

Le Titien a fait revivre dans cette peinture quelque noble Vénitien. Ce personnage, d'une belle figure, portant barbe et moustaches, avec un pourpoint noir, est représenté un peu plus qu'à mi-corps et de grandeur naturelle. Il a la tête nue, le corps effacé, la main droite sur la hanche, et le bras droit pendant et sans action.

Un portrait de la main du premier des coloristes ne peut être que rempli de vérité et singulièrement précieux.

52. *Portrait.* Toile, hauteur 31 pouces, largeur 24 pouces.

C'est encore un personnage de distinction que cette peinture offre à nos regards. Il a la tête nue, des moustaches, une barbe courte et un pourpoint noir; il est vu de trois quarts, ayant le bras droit appuyé sur une table, et la main gauche posée devant le milieu de son corps.

Ce portrait, dans le palais d'Albani, servait de pendant au précédent; il est aussi représenté à mi-corps et de grandeur naturelle. Les connaisseurs y retrouvent cette savante imitation des chairs, cette finesse de coloris, qui ont mérité au Titien la gloire d'être placé, avec le Corrège et Raphaël, à la tête de tous les peintres qui ont illustré l'art depuis sa renaissance.

53. *Portrait d'homme.* Toile, hauteur 30 pouces, largeur 26 pouces.

Ce portrait est celui d'un homme de guerre; il est coiffé d'une toque ornée d'une plume blanche, et vêtu d'une armure d'acier que couvre en partie un manteau; sa main gauche est appuyée sur sa hanche, de l'autre il tient un bâton de commandement.

54. *Un charmant Enfant*, la tête penchée sur son bras gauche, presse une colombe contre son visage; figure coupée au-dessous de la poitrine. Toile, hauteur 10 p. 6 lignes, largeur 13 pouces 13 lignes.

VENUSTI (Marcello).

55. *La Sainte - Famille* accompagnée de saint Jean-Baptiste. Cuivre, hauteur 14 p., largeur 10 p. 6 lignes.

Marie se repose au pied d'un arbre sur le devant d'un paysage; sur ses genoux est placé l'enfant Jésus, posant un pied sur son berceau, et se tournant vers sa mère pour lui faire remarquer la banderole que lui montre le petit saint Jean. Autant la Vierge, les yeux fixés sur son enfant, paraît émue de tendresse, autant saint Joseph, l'air pensif, met d'attention à le considérer. L'époux de Marie est accoudé derrière elle sur des débris d'architecture.

Ce petit tableau nous rappelle une composition de Jules Romain. L'éclat de son coloris, la manière tout-à-fait délicate dont il est exécuté, ont dû porter à le croire de Venusti : sa ressemblance avec les ouvrages de ce maître est telle, en effet, que nous ne croyons rien hasarder en lui conservant cette dénomination.

ÉCOLE DE FLORENCE.

56. *La sainte Vierge*, assise sur un tertre, les mains jointes, regarde tendrement son fils qu'elle tient sur ses genoux; à ses pieds est le petit saint Jean-Baptiste, que Jésus semble bénir, à en juger par l'action des trois doigts de sa main droite qu'il tient élevés. Le précurseur a dans les siennes une banderole où sont écrits les mots *Agnus Dei*. Le fond du tableau offre un paysage mêlé de rochers. Bois, hauteur 24 p., largeur 18 p.

ÉCOLES ESPAGNOLES.

COELLO (Claudio).

57. *Tableau votif.* Toile, hauteur 53 p., largeur 44 p.

Au milieu d'une gloire céleste, les bras étendus, les yeux dirigés vers l'Esprit saint, la Vierge intercède auprès de la majesté suprême en faveur des mortels. La couronne d'immortalité brille sur sa tête; sous ses pieds est un croissant, symbole de sa conception miraculeuse. Plus bas sont représentés sur des nuages saint Jean-Baptiste, saint Martin, saint Etienne et saint François.

MURILLO (Barthelemy Esteban).

58. *Paysage pastoral.* Toile, hauteur 19 p., largeur 29 p.

Ce tableau et le suivant sont de ceux que la grande facilité de Murillo dut lui faire regarder comme des moyens de délassement. On y remarque tous les signes d'une grande prestesse de main, et en même temps cette naïveté qui convient à un sujet d'églogue.

Une jeune fille, la houlette à la main, s'appuie sur le bord d'une citerne, et prête modestement l'oreille au discours d'un berger qui puise de l'eau pour abreuver leurs brebis. Ce berger est sûrement celui qu'elle aime; elle a du plaisir à l'entendre, et néanmoins elle n'ose le regarder; d'ailleurs une pensée l'afflige peut-être, elle a vu venir un autre pâtre dont la présence interrompra leur tendre entretien. La campagne est aride et inculte; on n'y voit de la main des hommes que les ruines d'un antique édifice.

59. *Autre paysage pastoral.* Toile, hauteur 31 pouces, largeur 38 pouces.

Les brebis de plusieurs troupeaux se pressent autour d'une auge où leurs gardiens ont coutume de venir chaque jour les abreuver; plusieurs pâtres les rassemblent, tandis qu'un de leurs camarades remplit l'auge avec l'eau d'un puits. Une seule bergère ne prend aucune part à ces occupations : assise isolée près du réservoir, la houlette à la main, elle s'entretient avec son cœur, et s'inquiète peut-être de ne pas voir paraître le berger qu'il préfère.

60. *Jésus* avec deux de ses disciples, lève les yeux au ciel, et invoque Dieu son père.

VELASQUEZ (Don Diego Rodriguez de Sylva y).

61. *Portrait* en pied de Philippe IV, roi d'Espagne, représenté de grandeur naturelle. Toile, hauteur 74 pouces, largeur 45 pouces.

Ce monarque, en habit de chasse, un fusil à la main, est debout au pied d'un arbre, où il reprend haleine; un chien l'accompagne et se repose à ses pieds. Le paysage qui compose le fond du tableau, est d'une couleur vague et propre à donner du relief à la figure.

62. *Autre Portrait de Philippe IV*, aussi en pied, et de
grandeur naturelle.

Le prince, nu-tête, revêtu d'un costume de satin noir, est debout dans une des salles de son palais, en avant d'une table couverte d'un tapis. La main droite sur le pommeau de son épée, il tient de la gauche un papier plié, et réfléchit à quelqu'ordre qu'il est prêt à donner ; c'est du moins ce qu'on peut croire d'après son air grave et réfléchi. Un rideau rouge, attaché contre le mur et relevé d'un côté, laisse voir de l'autre une porte ouverte donnant sur un balcon.

Les deux portraits que nous venons de décrire sont très ressemblans. La contenance du Roi a de la noblesse ; son visage annonce la santé et respire toutes les qualités d'un bon cœur ; malheureusement le goût de la mollesse et les conseils d'un ministre favori, rendirent ces qualités inutiles pour les sujets de Philippe IV.

Ce prince, juste appréciateur du beau talent de Velasquez, l'admit à son service, le combla de ses libéralités, et voulut qu'il jouît seul de l'honneur de faire son portrait. Ce glorieux privilége fut pour l'artiste un moyen de faire éclater sa reconnaissance, en multipliant l'image de son auguste bienfaiteur.

63. *Portrait du duc d'Olivarès*, figure en pied, de grandeur naturelle. Toile, hauteur 77 p., largeur 46 p.

Dans ce portrait, le ministre de Philippe IV est représenté debout, nu-tête, et vêtu d'un juste-au-corps noir qu'accompagnent une écharpe et un manteau de la même couleur. Sa main gauche est posée sur la garde de son épée ;

de la droite il tient une légère baguette et s'appuie sur une table couverte d'un tapis.

64. *Portrait de jeune Garçon.* Toile, hauteur 55 p., largeur 40 p.

Il est représenté dans la campagne en habit de chasse et chargeant un fusil. Sa pose et ses regards ont quelque chose d'assuré, sans toutefois s'éloigner du caractère gracieux qui convient à son âge.

Quelques personnes croient que ce portrait est celui de Philippe IV. P. Lebrun, qui le rapporta d'Espagne en 1808, en a donné une gravure au trait dans le catalogue (1), en 2 vol., qu'il publia l'année suivante.

65. *Portrait d'une jeune Princesse.* Toile; hauteur 36 p., largeur 43 p.

Elle est debout, en pied, de grandeur naturelle, et a les yeux fixés sur le spectateur. De la main droite elle s'appuie sur une table, et tient, de la gauche, un mouchoir. Des parures en diamans ornent sa tête et ses cheveux, deux montres sont attachées à son côté; sa robe, à grands paniers, est de mousseline brodée.

Quillet, dans son *Dictionnaire des Peintres* (2) *espagnols*, les divise en trois classes: école de Valence, école

---

(1) Ce catalogue est intitulé : *Recueil de gravures au trait, à l'eau-forte.*

(2) Ce dictionnaire est à-peu-près le seul ouvrage de ce genre qu'on ait écrit en langue française. Il est d'autant plus utile, qu'il est fort étendu, et que tout ce qu'il contient de détails, d'éloges et de critiques sur les peintres d'Espagne, est tiré d'écrivains renommés, tels que Palomino Velasco, Antoine Pons, Cean de Bermudes, et autres.

de Madrid, école de Séville, et place Velasquez en tête de celle de Madrid. Cette division peut être bonne sous quelques rapports ; mais il nous semble qu'on devait à cet artiste extraordinaire plus d'honneur encore qu'on ne lui en accorde, puisque ce fut de son temps et par l'influence de son génie que la peinture en Espagne commença à prendre un caractère vraiment national.

ÉCOLE FRANÇAISE.

BOISSIEU (J.-J. de).

66. *Scène familière.* Toile, hauteur 10 p. 6 lig., largeur 13 p. 9 lig.

Dans l'intérieur d'une boutique est assise une vieille femme d'une physionomie respectable, coiffée d'un chapeau de feutre, une mante de drap sur les épaules, un tablier blanc devant elle, et causant avec un villageois accoudé sur l'échoppe de sa boutique. Près de cet homme sont deux jeunes femmes, l'une derrière et vue par le dos, l'autre debout à ses côtés et se mêlant de la conversation. Au milieu de ce groupe est une jeune enfant coiffée d'un bonnet. Par une porte ouverte on aperçoit, dans une arrière-cour, un rémouleur et son petit garçon.

67. *Autre Scène familière* faisant pendant avec le précédent tableau. Toile, même hauteur et largeur.

Assis sur un tronc d'arbre, dans une espèce de vestibule, un vieillard à cheveux blancs prend un frugal repas, et paraît adresser la parole à une petite fille qui s'arrête devant lui pour le regarder. Une autre jeune fille, assise sur un sac, une quenouille à la main, interrompt son ouvrage et prête l'oreille aux discours du vieillard. Plus loin est un âne attaché au mur. Le fond du tableau offre un cellier ouvert, éclairé par une petite fenêtre, et dans lequel sont trois futailles : on y voit une femme et un enfant qui vont tirer du vin.

De Boissieu, ayant employé beaucoup plus de temps à dessiner et à graver qu'à peindre, doit particulièrement à ses dessins et à ses eaux-fortes la réputation qu'il s'est acquise. Ses tableaux se ressentent de ses constantes études et de la grande facilité de main qu'il avait acquise.

BOURGUIGNON (Jacques Courtois, dit le).

68. *Bataille*. Toile, hauteur 22 pouces 6 lignes, largeur 36 pouces.

Deux corps de cavalerie, rangés au loin sur les deux bords d'une rivière, se disputent avec acharnement le passage d'un pont. Sur le devant de la scène d'autres cavaliers, dont plusieurs abreuvent leurs chevaux, sont réunis à un porte-étendard. Un trompette vient les rejoindre en courant, tandis que son camarade, accompagné d'un cymbalier, fait entendre un signal qu'un officier vient de lui ordonner.

69. *Choc de cavalerie*. Toile, hauteur 22 pouces et demi, largeur 36 pouces.

Ce beau tableau est le pendant de celui qui précède, et représente de même un choc de cavalerie. Le combat est engagé le long d'une rivière, à quelque distance d'une ville. Un commandant, suivi d'un porte-drapeau, tourne le dos au champ de bataille, et fait sonner le rappel.

Ces deux tableaux proviennent du palais Falconieri, à Rome, et ne sont point au-dessous des meilleurs ouvrages de Salvator Rosa.

BRUN (Charles le).

70. *Tête de Vierge.* Toile, haut. 15 p., larg. 12 p.

La douleur exprimée sur la figure de Marie n'en efface ni la noblesse ni le beau caractère.

COURTOIS.

71. *Le jeune Tobie accompagné de l'ange Gabriel.* Toile, hauteur 24 p., largeur 29. p.

Ce sujet est représenté sur le devant d'un paysage, tout près d'un fleuve bordé de grands arbres et d'épais buissons; on aperçoit dans le lointain quelques bestiaux.

Courtois a cherché la manière de Claude Lorrain, et parfois il a été assez heureux pour en approcher.

GÉLÉE (Claude, dit le Lorrain).

72. *Paysage vu en automne, au coucher du soleil.* Toile, haut. 44 p., larg. 59 p.

Assis à l'ombre d'un bouquet d'arbres dont le feuillage, quoique léger, le met à couvert des derniers rayons du soleil, un vieux berger garde, sur le penchant d'une colline, un nombreux troupeau de vaches, de chèvres et de brebis; ses mains sont armées d'un bâton, et ses regards dirigés sur deux muletiers qui traversent un pont, en chassant leurs bêtes de somme devant eux. De la colline, dont la partie basse se dérobe au spectateur, la vue plonge sur une vaste étendue de pays, divisée par un fleuve majestueux, dont le cours sinueux et tranquille s'étend jusqu'à l'horizon. Sur toute la campagne s'élève une vapeur légère qui ne laisse aux objets lointains que des formes et des couleurs incertaines ; la végétation a perdu sa fraîcheur ; les arbres, les plantes, les gazons se dessèchent ; à leurs nuances, naguère printanières, succèdent les teintes brûlées de l'arrière-saison.

Devant un soleil couchant de Claude Lorrain, vous n'apercevez point le travail de la main; l'effet seul vous frappe, vous ravit ; vous croyez voir la nature, c'est elle que vous admirez. Nous ne chercherons point à rendre cet effet enchanteur, cette harmonie parfaite qui unit tous les élémens ; le Lorrain seul a pu les peindre, et ses couleurs sont celles de la nature.

73. *Énée débarqué à Cumes, et faisant la chasse à des cerfs.* Toile, haut. 41 p., larg. 57.

Le sujet qui enrichit ce paysage est tiré du premier livre de *l'Énéide* : *tres littore cervos prospicit errantes.*

Trois cerfs errant dans la campagne s'offrent aux regards d'Énée, qui soudain leur décoche à chacun un trait, et les étend par terre. Plus loin sont d'autres jeunes cerfs qu'il va poursuivre, et qui tomberont aussi sous ses coups en nombre égal à celui des vaisseaux de sa flotte. A main gauche, nous apercevons cette flotte qui, long-temps battue par l'orage, s'est réfugiée dans un petit golfe. Le flot, dans un calme profond, y dort à l'abri de deux grandes masses de rochers, l'une percée en arcade, l'autre couronnée d'arbres et située au milieu du tableau. Ce dernier rocher est celui dont Énée avait gagné la cime pour tâcher de découvrir les restes de sa flotte, et d'où il a aperçu les bêtes fauves qu'il poursuit.

Ce paysage, vu à la naissante clarté du jour, nous offre, dans un ton de demi-teinte, une nature tout-à-fait sauvage. En cela, comme dans toutes les autres parties de son tableau, le Lorrain s'est modelé sur le poète dont il a emprunté son sujet.

74. *Énée prêt à descendre aux enfers avec la sibylle de Cumes :* sujet pris dans le sixième chant de *l'Énéide*. Toile, hauteur 41 p., largeur 57 p.

A peine les premiers rayons du soleil ont-ils dissipé une partie des ténèbres de la nuit, qu'Énée, tenant le précieux rameau destiné à l'épouse de Pluton, et marchant d'un pas hardi à côté de la sibylle de Cumes, va franchir avec elle les affreux chemins qui conduisent aux enfers. A gauche,

> Sous d'énormes rochers, un antre ténébreux
> Ouvre une bouche immense ; autour, des bois affreux,
> Les eaux d'un lac noirâtre, en défendent la route ;
> L'œil plonge avec effroi sous sa profonde voûte.
>
> DELILLE.

C'est vers cette entrée du séjour des morts que le pieux héros dirige ses pas. Du côté opposé on aperçoit dans le lointain le temple d'Apollon, où la sibylle rend ses oracles sacrés. Le point de vue se termine par la partie des mers qui baignent les côtes de l'Ausonie.

Ce tableau et le précédent ont orné le palais Falconieri, à Rome.

75. *Minerve visitant les Muses sur le Parnasse.* Toile, hauteur 52 p., largeur 70 p. 6 l.

Minerve, le casque en tête, le bouclier sur le dos et la lance à la main, arrive au haut du Parnasse, pour y visiter les Muses. Deux des savantes sœurs, Melpomène et Uranie, sont venues au-devant de la déesse pour la recevoir, tandis que les sept autres l'attendent à quelques pas en arrière. Sur l'extrême sommet du mont, dans une petite enceinte de bois et de rochers, s'élève le temple des Muses ; sa forme est ronde, et tout autour règne un péristyle soutenu par des colonnes ; on aperçoit au pied du mont la ville de Delphe, si riche par ses temples, le Plistus, la plaine et le golfe de Crissa.

Ce tableau vient du palais Colonna.

76. *Paysage pastoral.* Toile, hauteur 26 pouces 6 lignes, largeur 36 pouces.

Un ruisseau limpide coule sur l'avant-scène de ce paysage, des arbres l'enrichissent ; un pâtre y garde ses troupeaux et semble l'animer. Vers le second plan, à gauche, une porte attenante à une tour indique l'entrée d'un village censé voisin ; à droite, un fleuve serpente dans une plaine délicieuse, et se dérobe ensuite derrière un coteau. On voit sur une de ses rives un temple rond, qui, par sa forme, rappelle celui de la Sibylle Tiburtine ; dans le lointain, s'étend une chaîne de montagnes dont plusieurs réfléchissent une lumière vive, causée par les neiges qui blanchissent leur sommet.

Ce tableau et le suivant proviennent encore du palais Falconieri, tant de fois cité dans le cours de ce catalogue.

77. *Paysage pastoral.* Même hauteur et même largeur que le précédent.

Il représente une vaste étendue de pays, une riche et délicieuse vallée qu'un fleuve arrose, fertilise et rafraichit tout-à-la-fois. Sur le premier plan, des troupeaux errent çà et là sous les yeux des heureux pâtres chargés de les garder. Un peu plus loin, au-delà du fleuve, de grands arbres dominent avec une sorte de majesté sur tout le point de vue, et le divisent en deux parties. Dans l'une, on aperçoit des ruines et des fortifications situées sur le penchant d'une haute montagne; l'autre est enrichie d'un pont jeté sur le fleuve, d'un temple et de palais, par-delà lesquels règne une plaine immense limitée par des montagnes.

On peut affirmer que ces tableaux réunissent à une harmonie parfaite, à une parfaite dégradation de plans, cette noblesse de style, cette richesse, ce grand goût de composition que l'on admire dans tous les ouvrages de Claude Gélée.

GÉLÉE (imitation de Claude).

78. *Marine*, avec effet de soleil couchant. Toile, hauteur 13 p., largeur 27 p.

Des édifices d'architecture grecque sont situés sur le rivage. Plus loin, à des distances différentes, voguent plusieurs navires auxquels un ciel pur, une mer légèrement agitée, promettent une heureuse navigation. Quelques personnages distribués sur les premiers plans du tableau, achèvent de l'enrichir et de l'animer.

LEFÈVRE (CLAUDE).

79. *Portraits* de deux époux, personnages distingués de la Cour de Louis XIV. Toile, hauteur 4 pieds 7 p., largeur 4 pieds 3 p.

L'homme, revêtu de son armure et coiffé d'une grande perruque bouclée, tient dans sa main gauche une feuille de papier roulée, et de la droite, qui est appuyée sur un casque, le bâton de maréchal. La femme, coiffée dans le goût des dames de la Cour de Louis XIV, ayant les épaules découvertes, est habillée d'une robe de soie noire, ornée d'une riche garniture de perles; de sa main droite elle tient un pan de sa robe, de l'autre elle touche négligemment une draperie bleue. Le casque est posé sur un tapis de velours violet, recouvrant une table dont l'angle s'avance entre les deux figures. Les traits de la dame, aussi gracieux que beaux, charment par leur air de douceur et de simplicité; le visage du maréchal est noble et plein de gravité. Ce tableau nous paraît digne des plus grands éloges sous tous les rapports.

LEFÈVRE (attribué à Claude).

80. *Portrait d'homme du siècle de Louis XIV*, vu à mi-corps, habillé de noir avec un rabat en dentelle, et coiffé d'une grande perruque. Il est assis dans un fauteuil rouge, près d'une table couverte d'un tapis, et discontinue d'écrire pour porter ses regards sur quelque chose qui l'a distrait. Toile, hauteur 48 p., largeur 36 p.

POUSSIN (Nicolas).

81. *L'Adoration du Veau d'or.* Toile, hauteur 36 p., largeur 48 p.

L'idole est élevée sur un piédestal orné de bas-reliefs. Au devant, sur un autel, brûle le feu qui doit consumer les holocaustes, et, de chaque côté, sont placés deux candelabres sur lesquels un sacrificateur verse l'encens. Un groupe d'Israélites, oubliant le Seigneur qui les a tirés de la servitude d'Égypte, se prosternent devant un dieu que leurs mains ont fabriqué : le pontife Aaron et un membre de la tribu de Lévi, seuls debout, indiquent par leur attitude qu'ils ne partagent point cette erreur. Dans le fond, Moïse, descendu de la montagne, saisi d'une sainte colère contre le peuple infidèle, brise les tables de la loi, et le ciel obscurci par des nuages épais que la foudre sillonne, annonce la prochaine vengeance du Très-Haut.

Beaucoup d'ouvrages de ce grand maître sont plus terminés que celui-ci; mais aucun n'atteste mieux l'étendue de son génie, la sagacité de son esprit, et sa grande manière de composer.

82. *Sommeil d'une Bacchante*. Toile, hauteur 27 p., largeur 35 p.

Une Bacchante dans l'ivresse est étendue par terre et vient de s'endormir. Un enfant couché sur son sein est également plongé dans le sommeil. D'autres enfans, couronnés de pampres, se livrent à divers amusemens.

83. *Jésus-Christ mort*, pleuré par sa mère, figures à mi-corps. Toile, hauteur 21 p., largeur 17 p.

La Vierge Marie regarde douloureusement le corps de Jésus étendu près d'elle.

Ce tableau, fait pour ainsi dire d'un jet, parle beaucoup plus éloquemment à l'âme que bien d'autres où l'extrême fini, en refroidissant la pensée, n'a pu qu'affaiblir l'expression.

VERNET (Joseph).

84. *Cascatelles de Tivoli*. Toile, haut. 44 p., larg. 62 p. 6 lignes.

Des torrens tombent avec fracas du sommet de plusieurs montagnes, et réunissent leurs eaux amorties dans une espèce de bassin, d'où elles s'échappent par une issue embarrassée de rochers, qu'elles heurtent avec une nouvelle fureur, pour se précipiter dans un abîme supposé au dehors du tableau. A main droite, un pont et quelques fabriques couronnent la crête d'une des montagnes; plus bas s'avance une roche où des curieux s'amusent à contempler les jeux variés des torrens, et tout ce que ce beau site offre de grand et de pittoresque; à main gauche, des bergers font paître leurs troupeaux sur le penchant d'une autre montagne; sur le devant est un pêcheur qui tend des hameçons dans les eaux du torrent.

Ce bel ouvrage est le chef-d'œuvre de Vernet; il est d'une fraîcheur, d'une vérité, d'une unité de ton, d'une exécution vraiment admirables.

ÉCOLES
FLAMANDE ET HOLLANDAISE.

ASCH (Pierre van).

85. *Paysage.* Bois, haut. 15 p., larg. 13.

Sur le devant un villageois, les jambes nues, traverse une espèce de marre en chassant devant lui deux brebis, une vache et un mulet chargé; au-delà, du côté gauche, une très étroite percée laisse voir un peu de lointain; de l'autre côté est un large chemin bordé d'arbres touffus qui y répandent une grande obscurité. La figure et les animaux sont vivement éclairés et ont beaucoup de la manière de Pynaker : il y a de la finesse dans le feuiller, et dans le coloris beaucoup de vigueur.

ASSELYN (Jean, dit Crabbetie).

86. *Paysage au coucher du soleil.* Toile, haut. 22 p. 6 lig., larg. 24 p.

Une rivière coule paisiblement dans un vallon étroit bordé de coteaux, la plupart élevés, taillés à pic et surmontés de bois. Sur le premier plan, un homme vu par le dos, un manteau brun sur les épaules et la tête couverte d'un chapeau à grands bords, est monté sur un âne, et semble par son geste demander le chemin à une grosse et jolie villageoise; celle-ci tient une quenouille et garde un petit troupeau de vaches et de brebis rassemblées sur le bord du chemin. A quelques pas, un jeune garçon, accompagné d'un chien, suit de loin plusieurs chèvres qui traversent la rivière à gué. Le soleil, caché derrière des montagnes, forme au-dessus de leurs cimes un foyer de lumière qui se reflète sur les bords de quelques nuages amoncelés à l'occident.

Ce tableau, à l'éloge duquel il nous suffirait peut-être de dire qu'il vient du cabinet de M. Le Noir Dubreuil, est d'une telle beauté de pinceau, qu'on peut en cela le comparer aux meilleurs ouvrages de Karel-Dujardin; il est d'ailleurs remarquable par la richesse de sa composition.

BAKHUIZEN (Louis).

87. *Marine.* Toile, haut. 50 p., long. 61.

Bakhuizen a pris pour motif de la belle marine que nous allons décrire, l'embarquement supposé de Guillaume III, roi d'Angleterre, retournant de Hollande dans ses états. L'histoire rapporte que ce prince s'absenta souvent de son royaume pour se rendre dans les Provinces-Unies, où il avait conservé la dignité de stathouder. Il est vraisemblable que le départ dont il s'agit ici, eut lieu en 1691, à la suite d'un voyage causé par les affaires de la ligue d'Augsbourg, dont Guillaume était le plus ardent moteur. A cette époque, l'auteur de ce tableau (Bakhuizen) était dans toute la force de son talent.

Un vent frais agite les eaux du Zuyderzée et favorise le départ de quatre vaisseaux anglais qui unissent tous à leur propre pavillon celui des provinces de Hollande. Un de ces vaisseaux, ayant trois ponts et courant vent arrière sous ses principales voiles, se présente par son tribord au milieu du tableau, et tire un coup de canon pour annoncer qu'il vient de recevoir le prince à son bord; il porte sur sa poupe le pavillon tricolore, et à la tête de son grand mât l'ancien pavillon anglais. Le commodore, courant aussi sous vent arrière, ouvre à main droite la marche de l'escadre, et commence à gagner le large avec un autre vaisseau. L'amiral, qu'on reconnaît à sa longue flamme, ne fait encore qu'appareiller. On voit à main gauche le yacht de l'amirauté hollandaise, arrivant grand largue par l'arrière du vaisseau où il vient de déposer le roi. Sur le riche tillac de ce bateau sont réunis plusieurs Hollandais de distinction qui ont le verre en main, et boivent sans doute au bon voyage de leur stathouder. Divers canots, chaloupes et barques voguent çà et là sur le golfe : à l'horizon on aperçoit les principaux édifices de la petite ville de Texel.

Ce tableau mérite assurément la palme sur tous ceux que nous connaissons du même auteur, et peut-être sur tous ceux qu'on doit à ses rares talens. Autant il intéresse par le trait historique qu'il rappelle, autant il charme par son étonnante beauté. Les eaux y sont peintes avec un tel art, qu'elles semblent se mouvoir; chaque navire semble céder à l'impulsion du vent; le ciel même, chargé d'un riche amas de nuages, offre aux yeux un magnifique spectacle et commanderait seul notre admiration. Il n'appartient qu'au génie de rendre ces effets passagers, cette apparente agitation, cet air de vie, qui nous font regarder Bakhuizen comme le premier peintre de marine.

BERCHEM (Nicolas).

88. *Vue* d'un village de Hollande. Toile, hauteur 30 pouces 6 lig., largeur 38 p.

Ce village est situé au-delà et sur le bord d'un large canal; à main gauche s'élèvent, environnées d'arbres, une tour crénelée et plusieurs maisons, dont quelques parties sont encore vivement éclairées par les derniers rayons du soleil couchant. Plus loin, vers la droite, la tour d'une église domine avec une espèce de majesté beaucoup d'autres édifices qui composent la masse principale du village. Quelques barques sont attachées sur les bords du canal ; au milieu flotte un long radeau de planches, conduit par plusieurs mariniers. Sur le devant, parmi des bestiaux qui paissent en pleine herbe, une femme tire le lait d'une vache dont un paysan tient les cornes.

Une chose bien remarquable ici, c'est que la délicatesse du pinceau, le fini, l'exacte imitation de chaque chose, y sont portés beaucoup plus loin que dans aucun autre tableau de ce maître, sans que la touche y ait rien perdu de son esprit. Ce beau paysage, il n'est pas inutile de le dire, après être sorti du cabinet de M. de Tolozan, passa à Bruxelles dans celui de M. Rendels, dont il a long-temps fait le plus bel ornement.

89. *Le Passage* dans les montagnes. Toile, hauteur 38 p., largeur 51 pouces.

Une étroite vallée est bordée, à main gauche, par une montagne escarpée et couverte d'arbres, dont l'épais feuillage produit une ombre presqu'impénétrable aux rayons du soleil. A droite, dans l'éloignement, d'autres montagnes s'élèvent devant l'horizon, et sont baignées à leur base par une rivière qui se divise en plusieurs ruisseaux ; l'un d'eux, traversé par un petit pont, et se précipitant en cascades à travers les rochers, coule au pied de la montagne, et vient arroser une partie de l'avant-scène du tableau. Là, des hommes et des femmes sont occupés à couper des joncs et des roseaux dont ils forment des paquets ; au-delà et par-dessus la tête de ces personnages, on voit un autre pont qui, formé de troncs d'arbres unis ensemble par des branchages, est comme suspendu au-dessus d'un précipice; des muletiers conduisant des bêtes de somme, se dirigent vers le sommet de la montagne.

90. *Le Matin*, paysage. Toile, hauteur 31 pouces, largeur 38 pouces.

Des habitans de la campagne, sortis de leurs demeures au lever du soleil, profitent de la fraîcheur du matin pour mener leurs bestiaux aux champs ou au marché : tel est le motif de ce beau tableau.

Sur le premier plan, un muletier en colère contre sa monture, la frappe à coups redoublés; l'animal indocile répond par des ruades à la bastonnade de son maître, et aux aboiemens d'un chien qui cherche à lui mordre les jarrets. Une jeune villageoise, assise sur un mulet, rit de l'aventure et montre par un geste qu'elle raille sur le rustre et sur le baudet. Cette plaisante rencontre amuse un autre paysan qui est à gauche, derrière un groupe d'animaux. Par-delà ces figures, on aperçoit un édifice en ruine, au milieu d'une vaste et rase campagne terminée par des coteaux lointains, dont les formes pittoresques se dessinent en teintes bleuâtres sur un brillant horizon. A droite, la vue est bornée par une masse imposante de rochers taillés à pic, d'où jaillit une fontaine à laquelle se désaltère un pâtre conduisant un troupeau de gros bétail.

Rien de plus vrai que les attitudes et l'expression de chaque personnage; rien de mieux entendu que la dégradation de ces fonds où règnent un air frais, une légère vapeur que les rayons du soleil n'ont encore pu dissiper.

S'il fallait donner la préférence à l'un de ces trois tableaux, ou dire lequel est supérieur aux deux autres, on éprouverait sans doute d'autant plus d'embarras qu'ils n'ont entr'eux aucune ressemblance, si ce n'est celle qui résulte du maniement du pinceau. Quand il s'agit de la touche, Berchem se ressemble toujours et ne ressemble qu'à lui-même; mais quelle variété dans ses compositions et dans ses moyens d'intéresser le spectateur ! tantôt il le charme par la peinture naïve de quelque sujet pris dans la vie champêtre, tantôt par l'image fidèle d'un site copié d'après nature, tantôt par l'aspect pittoresque d'un paysage embelli par son imagination.

Le Passage dans les Montagnes est un tableau de cette dernière espèce : en le voyant on croit être dans un coin des Alpes, et aussitôt la pensée s'y attache à chaque rocher, comme à un antique témoin des bouleversemens du globe.

La Vue d'un village de Hollande est un portrait soigné, exactement rendu dans ses moindres parties, et qui nous transporte pour ainsi dire sur les lieux; le travail en est admirable.

Dans le paysage intitulé *le Matin*, on voudrait être aux champs avec ces villageois pour respirer un air frais et pur, et s'amuser un moment de la scène qui met cette jeune paysanne en gaîté.

BERGEN (Thierry ou Dirck van.)

91. *Le Pâturage*. Toile, hauteur 12 p., largeur 15 p.

Trois vaches, une chèvre, un agneau et une brebis se reposent à l'ombre sur le devant d'un pâturage. Vers la gauche est une petite cabane destinée à leur servir d'abri pendant la nuit.

BLOEMAERT (Abraham).

92. *La Prédication* de saint Jean-Baptiste dans le désert. Toile, hauteur 3 pieds 11 pouces, largeur 5 pieds 9 pouces.

Le saint précurseur de Jésus-Christ est assis sur un tertre au pied d'un vieux chêne, et annonce avec dignité la venue prochaine du Messie. Une foule de personnes de tout âge, de tout sexe et de toutes conditions l'entourent, et écoutent avec la plus vive attention ses consolantes prophéties. Des princesses, entourées de gens attachés à leur service, sont confondues parmi les nombreux auditeurs de saint Jean-Baptiste; on y remarque en outre des docteurs de la loi juive, des soldats, des vieillards et jusqu'à des enfans.

Ce tableau est un des plus beaux connus de Bloëmaert. La distribution des groupes a donné lieu à des masses d'ombres et des lumières heureusement distribuées; les figures ont de la naïveté; l'exécution montre une grande facilité de pinceau.

BLOEMEN (Pierre van).

93. *Vue d'un palais.* Toile, hauteur 48 p., largeur 57 p.

Sur la gauche se développe un magnifique palais d'ordre corinthien, décoré de portiques et de vastes galeries à colonnes de marbre; dans le fond, vers la droite, l'œil découvre des jardins coupés par des canaux et ornés de fontaines jaillissantes et de statues. Van Bloëmen a animé ce riche point de vue de plusieurs figures spirituellement touchées : ici des mulets arrivent chargés de provisions de bouche; là, des mendians, couchés sur les marches du palais, sollicitent quelques aumônes; plus loin un palefrenier mène des chevaux.

Ce tableau, à ne le considérer que comme un objet d'ameublement, amuse les yeux par ses nombreux détails, et formerait une charmante décoration; sous le rapport de l'art, on doit des éloges au pinceau large et facile de van Bloëmen, au dessin correct de ses figures et de ses animaux, à la manière dont il les a distribués ou groupés. Esenberg ou Erenberg, qui en a peint l'architecture, et dont les biographes ne nous ont point parlé, était lui-même un homme de talent.

BOTH (Jean).

94. *Paysage.* Hauteur 33 p. 6 lig., largeur 43 p.

Jamais Both n'a choisi de plus beau site, de site tout-à-la-fois plus simple, plus grand et plus propre à produire de l'effet. Les premiers plans offrent un chemin qui sort des montagnes et conduit dans une vallée fort étendue, dont les coteaux opposés se dessinent vaguement dans un immense lointain. A gauche, les masses légères de quelques arbres répandent une ombre transparente sur le terrain. De l'autre côté s'élève une colline couverte d'arbres, d'arbrisseaux et de buissons; au bas jaillit une source dont les eaux tombent en cascades bouillonnantes, et se précipitent dans le lit profond qu'elles se sont creusé à travers les rochers.

Parmi les figures dont André Both a enrichi ce paysage, on remarque, sur le devant, une femme montée sur un mulet, et voyageant de compagnie avec un homme qui chasse un autre mulet devant lui. Plus loin, un bouvier laisse aller son troupeau en avant, tandis qu'il cause avec un pâtre sur le bord du chemin. Il serait difficile de trouver un autre tableau de Jean Both, qui fût plus parfait que celui-ci. La nature y est représentée au moment d'une belle soirée d'automne.

93. *Paysage*. Toile, hauteur 30 p., largeur 39 p.

Un chemin creux pratiqué entre des rochers couverts de mousse, traverse, en faisant plusieurs détours, un pays montueux et aride, dont le sol ne produit que des plantes sauvages, des buissons, de grêles arbustes et quelques arbres sans vigueur. Ce lieu inculte est cependant animé par plusieurs voyageurs, habitans des contrées voisines. A l'avant-scène, deux hommes, l'un à pied, son bâton sur l'épaule, l'autre assis sur son mulet, causent ensemble au milieu du chemin, qui, dans cet endroit, est inondé par les eaux d'un ruisseau. Vers eux s'avancent d'un pas lent et à travers une marre deux bœufs attelés à un petit chariot conduit par un voiturier; à peu de distance, un autre paysan voyage avec un mulet qu'il chasse devant lui. Plus loin, sur la gauche, on remarque encore plusieurs muletiers longeant un côteau; une chaîne de montagnes se prolonge, de ce même côté, aussi loin que la vue puisse s'étendre. A droite, sur le devant, diverses plantes croissent au pied d'un bouquet de jeunes arbres dont le feuillage se ressent des chaleurs de l'été. Une couleur généralement dorée indique l'après-midi d'un beau jour d'automne. Il est possible que le site ait été pris dans les Appenins. Les figures sont de Jean Both; elles sont naïves, bien touchées, et dans une harmonie parfaite avec le paysage : celui-ci brille par une couleur piquante, une exécution libre, pleine de goût et d'esprit.

BOTH (André).

96. *La Marchande d'Ognons.* Bois, hauteur 21 pouces, largeur 17 pouces.

A l'entrée d'un village d'Italie, une marchande coiffée d'un grand chapeau de paille et vue par le dos, est assise sur les brancards d'une brouette qui lui sert à colporter des ognons, dont une paysanne remplit une mesure dans le dessein probablement de s'en accommoder. Tout à côté de ces deux femmes, quatre villageois se reposent dans diverses attitudes le long des murs d'un édifice en ruine, mais propre encore à servir d'abri public sur le bord du chemin. On remarque, plus loin, d'autres figures et un chariot attelé de deux chevaux.

BOTH (Imitation de Jean).

97. *Paysage.* Bois, hauteur 23 p. 6 lig., largeur 33 p.

Une route ouverte au pied de rocs escarpés et couverts de buissons, est traversée, dans sa partie la plus éloignée, par un torrent qui se précipite en cascades et s'écoule dans un profond ravin; à gauche, sur la route, près d'un bouquet d'arbres, un homme monté sur un mulet, cause avec un piéton qu'il vient de rencontrer. Dans le fond, plusieurs muletiers sont réunis sur le bord du torrent, et frappent un mulet récalcitrant qui fait des difficultés pour passer. Les rayons du soleil couchant répandent une teinte chaude et lumineuse sur ce paysage, qui d'ailleurs est enrichi de toutes parts d'une infinité de détails.

98. *Paysage avec effets de clair de lune.* Toile, hauteur 47 p., largeur 34 p.

CHAMPAIGNE (Philippe de).

99. *Portrait de Louis XIV, enfant.* Toile, haut. 47 p., largeur 32 p.

Le jeune prince, debout sur le devant d'un paysage, a la tête ceinte d'une couronne de laurier, et porte un vêtement à l'antique, composé d'une courte tunique et d'un ample manteau; ses cheveux blonds descendent en boucles flottantes sur ses épaules : de la main gauche, qu'il appuie sur sa hanche, il relève son manteau; de la droite il tient une flèche qu'il montre en souriant au spectateur. Au bas de ce tableau, est un écusson aux armes de France.

Un portrait de Louis XIV fait par Champaigne, est une peinture en même temps rare et en même temps intéressante, sous les deux rapports de l'histoire et de l'art. L'amateur en admirera le relief, la vérité, la belle exécution : tout Français y reverra avec plaisir l'image d'un jeune prince dont les traits aussi nobles que beaux annoncèrent de bonne heure ce qu'il devait faire de grand pendant son règne.

CORT (de).

100. *Vue prise sous les murs d'une ville de Hollande.* Bois, hauteur 7 p., largeur 8 p.

Ce petit tableau peint dans le goût de Vander Heyden que de Cort a toujours imité, représente l'une des portes d'une ville hollandaise, avec une partie de ses fossés et remparts.

CRAYER (Gaspar de).

101. *La Mort de Saint Alexis*: composition de plus de douze figures de grandeur naturelle. Toile, hauteur 94 p., largeur 61 p.

Alexis vient de mourir devant la maison paternelle; le livre des évangiles est encore sur ses genoux; autour de son corps sont rangés son père, sa mère, sa sœur, un vénérable prêtre à tête chauve, un cardinal, un pape, et autres personnages qui mêlent leurs regrets à ceux de sa famille. Deux anges apparaissent dans les airs avec une palme et une couronne à la main, pour nous faire entendre qu'Alexis va recevoir la récompense de ses vertus.

Crayer, sans avoir étudié dans les plus fameuses écoles, sans avoir vu l'Italie, égala néanmoins les meilleurs peintres de son temps, et mérita les éloges de Rubens. Ce tableau soutient à tous égards sa réputation, tant par la beauté du faire que par la sagesse de l'effet et de la composition. Plusieurs figures pourraient bien être les portraits de donataires, ou de quelques autres personnes auxquelles de Crayer portait une affection qu'il était bien aise de manifester.

CUYP (Albert).

102. *La Partie de Chasse*. Toile, hauteur 40 p., largeur 57 p.

Un jeune prince d'Orange, à la chasse sur un cheval brun de petite taille, s'arrête un moment pour reprendre haleine, ou peut-être afin de donner ses ordres aux chasseurs. Deux écuyers l'accompagnent, l'un jeune encore et montant un moyen cheval noir, l'autre afourché sur un cheval de haute taille et gris moucheté. Vers le second plan du tableau on remarque un lièvre fuyant devant six chiens, et, un peu plus loin, un valet courant à pied à côté d'un piqueur. Les fonds offrent un vaste pays baigné par une rivière, parsemé de villages et borné, à droite, par un coteau surmonté de fortifications ruinées.

Dans ce magnifique ouvrage, le maniement du pinceau est plutôt un jeu qu'un travail de la main, la couleur une véritable magie ; quelle harmonie, quelle chaleur, quel éclat! quel peintre, avec des ombres légères, a su mettre autant de lumière dans ses tableaux ! Ici tout est clair, tout est brillant, et semble frappé des rayons mêmes du soleil. C'est en cela que consiste l'étonnant mérite des productions de Cuyp; et c'est en cela aussi que le tableau dont nous parlons ne le cède à aucun autre et nous paraît au-dessus des plus grands éloges.

103. *Les Environs d'un Camp*. Toile, hauteur 21 p. 6 l., largeur 31 p.

Le point de vue que nous offre ce paysage est vraisemblablement pris dans les environs de Rotterdam, où demeurait Albert Cuyp. C'est une vaste plaine coupée au loin par une rivière, et terminée par des coteaux, s'unissant insensiblement à l'horizon.

Vers le second plan, à droite, est une rangée de tentes dressées par des vivandiers, ce qui fait supposer le voisinage d'un camp. Là, des soldats, le verre en main, se délassent gaîment des rudes et dangereux travaux de la guerre. En avant de ces tentes on remarque une charrette et deux chevaux; bien au-delà, sur le bord de la rivière, se développe un village dont on distingue particulièrement le clocher. Sur le premier plan, à droite, est un cabaret à la porte duquel sont arrêtés trois cavaliers. Tous trois sont restés en selle, ils ne veulent que se rafraîchir; la domestique venue pour les servir, attend, le broc à la main, que l'un d'eux ait vidé le verre qu'elle lui a présenté, pour le remplir de nouveau, et l'offrir successivement à ses deux camarades. Ces figures sont d'une grande vigueur de coloris et d'un ressort admirable; les fonds, quoique brillans, sont vaporeux et parfaitement dégradés.

104. *Paysage*. Toile, hauteur 20 p., largeur 25 p.

Ce tableau, peint dans un moment d'enthousiasme, nous retrace un de ces effets piquans et singuliers que le peintre coloriste aime à saisir; mais pour les rendre avec autant de vérité que Cuyp, il faut, comme lui, savoir prendre la nature sur le fait.

Des nuages sillonnés de quelques traits de lumière, interceptent de toutes parts les rayons du soleil; une teinte grisâtre est répandue sur la nature entière; il semble que le tonnerre ait commencé à se faire entendre dans le lointain. Vers la droite, des bestiaux se réfugient à l'abri des buissons, tandis que des villageois observent les progrès de l'orage; à gauche, dans une vaste étendue de pays, l'œil remarque les débris isolés d'un vieux château.

CUYP (Attribué à).

105. *Marine*. Bois, haut. 17 p. 7 lig., largeur 23 p.

Un ciel couvert de sombres nuages annonce ce que les marins ont coutume d'appeler un gros temps. Cependant la mer n'est encore agitée que par un vent frais qui pousse vers la côte plusieurs barques de pêcheurs hollandais. A droite, dans le lointain, on aperçoit un village situé sur le bord de l'eau.

L'effet, la vérité, la couleur transparente et dorée qui

distinguent ce tableau, l'ont fait attribuer à Cuyp, et véritablement il nous paraît digne de ce nom.

DIETRICK (Christian-Guillaume-Ernest).

106. *Réunion de plusieurs paysages.* Bois, hauteur 10 p., largeur 14 p.

Sur un panneau dont la surface est divisée en quinze compartimens de grandeur inégale, sont représentés des paysages imités de différens maîtres, et formant une suite aussi variée qu'intéressante. Un de ces tableaux, plus grand que les autres, est orné de baigneuses; dans deux autres sont rendus avec beaucoup de vérité un clair de lune et un soleil couchant. Ce panneau forme seul un petit cabinet.

DYCK (Antoine Van).

107. *L'Apothéose de la Vierge.* Cuivre : diamètre.

La Vierge sur un nuage au milieu des airs, est entourée d'anges et de chérubins qui l'accompagnent dans sa glorieuse assomption. Un d'eux lui pose une couronne sur la tête; elle devient leur reine. Cependant la bienheureuse Marie, les yeux levés au ciel, tend les mains vers la terre, et semble en la quittant invoquer la bonté suprême en faveur des peuples qui ont le malheur d'ignorer sa loi.

Aussi précieux, à cause de son mérite réel qu'à cause du nom de son auteur, ce petit tableau était en grande estime dans l'esprit des connaisseurs, lorsqu'il faisait partie du cabinet de M. Lenoir Dubreuil. On le reverra sans doute ici avec le même plaisir; car, outre qu'il est d'une exécution soignée, d'un coloris plein de finesse et d'éclat, il charme encore par l'aspect agréable de sa composition.

EECKHOUT (Gerbrant Vanden).

108. *Sujet qui nous est inconnu.* Bois, ovale, hauteur 9 p. 6 lig., largeur   p.

Un magistrat assis dans un fauteuil, ou peut-être un patriarche, est l'objet des respects de plusieurs personnages rangés autour de lui. Ce tableau, qui est sur un panneau bombé, a sans doute fait partie des ornemens de quelque lambris.

FRANCK (François).

109. Toile, hauteur 60 p., largeur 84 p.

Debout sous le péristyle d'un palais, le sceptre en main, un jeune monarque costumé à la manière des Orientaux, fait remarquer à un vieillard très simplement vêtu, une table chargée de bijoux précieux, réunis à des vases d'or et d'argent. Pendant ce temps un esclave lève, par son ordre, un rideau derrière lequel est une salle toute remplie des mêmes richesses. Que veut ce prince? Ces richesses sont-elles offertes au sage vieillard pour prix d'une action que sa conscience réprouve? L'excite-t-on à apostasier? Quoi qu'il en soit, on devine aisément, à son air grave et au mouvement qu'il fait en portant une main sur son cœur, qu'il se refuse aux vœux du prince. Une victime qu'on aperçoit dans le lointain sur un bûcher, indique probablement quelle sera la suite de ce refus.

Ce tableau se rapporte aussi à la manière de Van Balen.

HAKKERT (Jean).

110. *Intérieur de Forêt.* Toile, hauteur 25 p. 6 lig., largeur 21 p. 4 lig.

Les paysages de ce maître sont rares partout, et partout

fort estimés. La touche en est légère, l'effet piquant, le coloris quelquefois vrai jusqu'à l'illusion. On préfère ceux qui représentent des forêts, ou des allées plantées d'arbres. Celui-ci est un de ses bons ouvrages.

Une large route bordée de grands arbres, est percée au milieu d'un bois, et s'étend en ligne droite depuis le premier plan jusqu'au point de vue. A peu de distance, une autre route la croise, ce qui forme dans cet endroit un spacieux carrefour, où pénètrent les rayons du soleil. Les rameaux des arbres, confondus à leur sommet, forment çà et là des espèces de berceaux de feuillages dont l'abri invite le voyageur à se reposer.

Sur le devant, deux piqueurs, accompagnés de plusieurs chiens, prennent le frais au bord de la route; un troisième, au milieu, tient la bride d'un cheval qu'un chasseur vient de quitter, pour aller surprendre quelque pièce de gibier. On le voit à droite, marchant à petits pas, le dos courbé et près d'entrer dans l'épaisseur du bois. A gauche, le carrosse du stathouder, attelé de six chevaux gris, sort de la route de traverse; en avant et aux côtés de sa voiture, marchent des pages vêtus d'une livrée bleue. Toutes ces figures sont de la main du célèbre Adrien Vanden-Velde; elles sont pleines de finesse et de charmes, et dans une harmonie parfaite avec le paysage.

HENDRICK (M.).

111. *Basse-cour.* Bois, hauteur 16 p. 6 l., largeur 14 p.

Dans une basse-cour entourée d'arbres et de cabanes destinées à abriter des animaux, un jeune porcher veille sur un petit troupeau de cochons.

HEYDEN (Jean Vander).

112. *Vue prise dans l'intérieur d'une ville ou d'un village de Hollande.* Bois, hauteur 13 pouces, largeur 17 p. 6 lignes.

Un profond canal sur lequel est un pont-levis, occupe, à main gauche, la moitié du point de vue ; l'autre moitié offre un large quai bordé de maisons, dont la file est coupée par l'entrée d'une rue ; au-delà du pont, d'autres maisons sont également situées sur bord du canal.

Adrien Vanden-Velde a enrichi ce tableau d'une quantité de jolies figures. On s'étonnera toujours de l'intelligence avec laquelle il a su accommoder son talent à celui de Vander Heyden. Celui-ci a fait des portraits surprenans, et Vanden-Velde les a, pour ainsi dire, animés.

113. *Autre Vue prise dans l'intérieur d'une ville de Hollande.* Bois, hauteur 13 pouces 6 lignes, largeur 16 p. 9 lig.

Vander Heyden, cet artiste aussi patient qu'habile, a représenté dans ce second tableau ainsi que dans le précédent, une vue prise dans une ville de Hollande. Rien de plus extraordinaire et de plus merveilleux que la manière dont il y a rendu, dans l'imitation de chaque édifice, les pierres, les briques, les tuiles, leurs diverses nuances, leurs réfends et leur dégradation perspective.

Sur le premier plan, un canal traverse tout le tableau ; à droite, une rangée de maisons, en grande partie masquées par des arbres, borde une chaussée et passe derrière une grosse tour, dont la base en pierres de taille est baignée par les eaux du canal. La partie supérieure de cet édifice est faite de briques, à créneaux, et surmontée d'un toit fort élevé. Un pont et plusieurs autres maisons d'une structure élégante complètent, à gauche, le point de vue. Deux hommes se baignent dans le canal, un troisième est sur le point d'y plonger. Ces figures sont d'Adrien Vanden-Velde, qui associa fort souvent ses talens avec ceux de Vander Heyden.

Un accident de lumière, ménagé avec art sur la tour, réveille la vue et rompt l'uniformité de ton inséparable de cette sorte de représentations.

HOBBEMA (Minder).

114. *Vue prise dans l'intérieur d'un hameau.* Bois, hauteur 11 p. 6 lig., largeur 15 p.

Des chaumières sont situées irrégulièrement à droite et à gauche d'un large chemin qui se dirige presqu'en ligne droite vers l'extrémité du point de vue. Celles de la droite sont entourées de grands arbres qui, par leur ombrage épais, les mettent à l'abri des vents et des fortes chaleurs. Un coup de soleil éclaire vivement les maisons de la gauche, ainsi que plusieurs arbres dont elles sont environnées; de cette lumière, rendue avec une extrême vérité, résulte tout l'effet du tableau. Sur le premier plan qu'occupe la partie la plus avancée du chemin, s'étend une demi-teinte claire, telle que la donne la simple lumière du jour.

La composition de ce petit tableau, ou pour mieux dire, le site qu'il représente, est un des plus simples, et dénué en apparence de tout intérêt; néanmoins l'œil a de la peine à le quitter, ce qui prouve combien, à l'aspect d'une peinture, on peut être captivé par la seule magie du coloris. Hobbema ne s'est attaché qu'à cette magie, et l'a portée si loin dans le plus grand nombre de ses paysages, qu'en les voyant il semble que l'art ait disparu pour faire place à la nature.

HOOCH (Pierre de).

115. *Scène familière*. Toile, hauteur 22 pouces, largeur 18 pouces.

Une dame sort de son appartement avec un petit chien sous le bras, et sourit d'une manière agréable à un jeune homme qui, près de la porte, la salue respectueusement en venant lui faire une visite. Le chien de cet étranger va caresser une autre femme qui est occupée d'un ouvrage d'aiguille. Une grande fenêtre, tendue d'un rideau, éclaire en partie le fond de l'appartement; par la porte, l'œil découvre au-dehors des arbres, un canal et des maisons.

JARDIN (Karel du).

116. *Le Maréchal ferrant*. Toile, hauteur 14 p. 6 lig., largeur 18 p. 6 lig.

Dans une cour, vis-à-vis de la boutique d'un maréchal-ferrant, deux hommes sont occupés à ferrer un cheval blanc marqué de brun. Derrière eux, un villageois, monté sur un autre cheval, en frappe un troisième à coups de fouet. Un peu plus loin, un baudet attend qu'on le ferre à son tour. A droite, l'œil pénètre dans l'intérieur de la forge: le feu y pétille; un ouvrier y façonne le fer étincelant sous les coups redoublés de son marteau. Des outils, une enclume, un chien endormi, meublent agréablement les premiers plans de cette composition.

Ce tableau est un de ceux qui composaient la charmante collection de M. Lenoir-Dubreuil. Il réunit à une couleur claire et harmonieuse, une foule de détails que le peintre a rendus avec beaucoup de soin.

117. *Le jeu de l'*Amore. Haut. 16 p., larg. 14 p.

Un soldat, un mendiant et un muletier, retirés à l'écart entre les murs ruinés d'un ancien édifice, s'amusent à un jeu usité parmi les Italiens, et connu sous le nom de jeu de l'*Amore*.

Le mendiant, à moitié nu, s'appuie de la main gauche sur une béquille, et avance la droite dont deux doigts sont déployés. Le muletier, le poing fermé, se dispose à prendre son tour pour faire parler son adversaire. Le soldat, assis à droite sur une pierre, porte le doigt à sa moustache, et s'amuse de leur partie. Derrière les deux joueurs est un baudet qui attend patiemment son maître : deux chiens attendent aussi les leurs.

Rarement la beauté du pinceau a été portée aussi loin que dans cet ouvrage. Les caractères des têtes sont d'une finesse d'expression étonnante; l'effet est piquant, le clair-obscur admirablement entendu : en un mot, peu de tableaux de ce genre peuvent lui être comparés sous quelque rapport que ce soit.

118. *Le Manège*. Toile, hauteur 22 pouces 6 lignes, largeur, 27 pouces.

Sur le devant de la scène un jeune écuyer, enveloppé d'un manteau rouge relevé sur le bras gauche, tient par la bride un fort beau cheval blanc moucheté, dont l'alure est vive, et qui montre beaucoup d'ardeur. Éclairé par le soleil, ce cheval se détache lumineusement sur un ciel chargé de nuages obscurs. Plus loin, un autre écuyer exerce son cheval en présence de plusieurs personnages attentifs à le regarder; un troisième cavalier fait resserrer les courrois de sa selle par un palefrenier. Un mur, une petite fabrique et quelques peupliers bornent la place où se font ces exercices. On voit, au reste, par toutes les parties de cet ouvrage, avec quelle habileté Dujardin savait manier le pinceau.

119. *Paysage pastoral.* Toile, hauteur 11 pouces, largeur 13 pouces.

A gauche, un pâtre debout, la tête découverte, vêtu d'une casaque en peau de mouton, est appuyé sur sa houlette, le bras droit replié derrière le dos, et tient son chien attaché à une corde. Une jeune bergère, dont le corset est un peu entr'ouvert, lui tient compagnie, et paraît causer gaîment avec lui. Une quenouille est à son côté, et près d'elle, sur le devant, sa chèvre favorite. Un peu en arrière s'avance une villageoise tenant une cruche d'une main, et portant sur sa tête une corbeille pleine de légumes. Plus loin, du côté droit, est un parc rempli de chèvres et de brebis. A l'extrémité du point de vue, des coteaux prenant la teinte azurée de l'air, s'élèvent devant l'horizon. Le ciel est clair, le moment est celui de midi.

JARDIN (Style de KAREL DU).

120. *Les Chasseurs.* Toile, hauteur 14 pouces 6 lig., largeur 18 pouces.

Un chasseur tenant un cheval par la bride et un faucon sur le poing, se repose sur l'herbe en attendant son piqueur qui accouple deux levriers. Près de lui sont rassemblés trois autres chiens de chasse. Le fond du tableau offre un pays sablonneux et couvert de dunes; une forte chaleur semble régner sur l'atmosphère; le ciel est orageux.

KESSEL (Jean Van).

121. *Paysage*. Bois, haut., 11 p., larg. 14.

C'est la vue d'un hameau situé sur le bord d'un canal ombragé par plusieurs arbres. Sur le devant, des femmes lavent du linge; vers la droite, on voit deux hommes dans une petite barque. Il est probable que ce tableau est une étude faite d'après nature.

122. *Paysage*. Toile, hauteur 13 pouces 6 lignes, largeur 17 pouces 6 lignes.

Du haut d'une colline, la vue se promène sur une grande étendue de pays, entrecoupée de chemins et agréablement variée, soit par des pâturages, soit par des vergers environnés de haies et de grands arbres. Des voyageurs suivent différentes directions dans cette campagne; on y remarque en outre plusieurs fermes et autres maisons.

KONING (Jacob).

123. *Paysage*. Toile, haut. 54 p., larg. 60.

Sur le devant s'élèvent, d'espace en espace, quatre ou cinq gros arbres au pied de l'un desquels se repose une femme accompagnée de son enfant. A quelques pas est une chaumière qu'une vigne touffue ombrage de ses pampres, et dont l'humble habitant s'entretient sur le seuil de sa porte avec un jeune garçon. Devant eux passe une servante chargée de deux seaux. Le reste du point de vue n'offre qu'un pays plat coupé par une rivière, où l'on voit encore çà et là plusieurs habitations rustiques.

On n'en peut douter, Koning songeait à Rembrandt

quand il a peint ce tableau, et s'y est proposé, avant toute autre chose, d'étonner par la force de sa couleur : elle est en effet des plus hardies; son exécution est en même temps franche et belle, et le feuiller de ses arbres bien touché. Ce paysage, en un mot, est l'ouvrage d'un coloriste dont le but a été de nous représenter la nature sous cet aspect sombre qui précède les orages.

LUCAS (DE LEYDE).

124. *Portrait de Femme.* Bois, haut. 9 p. 6 lig., larg. 7 p. 6 lig.

Elle est représentée debout, en pied, et vêtue d'une robe de velours cramoisi, ornée, haut et bas, de bordures sur lesquelles sont inscrites des légendes en caractères gothiques. Une toque richement brodée et d'une forme singulière, couvre sa tête; à son côté est attachée une gibecière avec un poignard; elle a enfin dans une de ses mains un éventail de plumes, et dans l'autre une baguette ou petit bâton, que des personnes croient être un bâton magique. Il y a quelque chose d'extraordinaire dans l'accoutrement de cette figure; mais rien n'y démontre clairement que ce soit celle d'une devineresse.

125. *Portrait d'un jeune Homme vu à mi-corps.* Bois, haut. 10 p. 6 lig., larg. 8 p. 6 lig.

Sa figure est mélancolique et son vêtement noir. Il a sur la tête un chapeau à grands bords, tant soit peu penché sur l'oreille; de la main droite, il montre un médaillon qu'il tient de la main gauche, et sur lequel est représentée une tête de mort environnée de caractères à demi-effacés. Cette figure se détache sur un fond de paysage où l'on aperçoit une ville sur le bord de la mer et un rocher escarpé.

On a dit que Lucas de Leyde est le patriarche des peintres de l'école hollandaise : à ce titre, ses ouvrages sont aussi intéressans qu'ils sont devenus rares.

MARIENHOF.

126. *La Cruche cassée*. Bois, haut. 17 p., larg. 22.

Auprès d'une fontaine rustique, une pauvre femme et une jeune fille se lamentent à genoux, devant les débris d'une cruche qu'elles ont cassée par spéculation. La mère se cache le visage dans son tablier, et sourit en voyant la commisération qu'elle inspire, assurer le succès de sa ruse. En effet, trois femmes et trois jolis enfans l'entourent et prennent part à son chagrin : une d'elles lui donne une pièce d'argent, une autre se dispose à en faire autant, et, à leur exemple, un des enfans met la main à son gousset pour faire aussi sa petite générosité. Plus loin, un villageois futé rit de l'aventure, et n'est point dupe du manège de la vieille. Le fond du tableau offre à droite des rochers escarpés et un pâtre qui conduit des troupeaux; dans l'éloignement est une tour en ruines. Cette scène, pleine de détails, est rendue avec finesse et intelligence : les figures sont bien groupées.

MEER (Van der).

129. *La Toilette*. Toile, haut. 17 p., larg. 14.

Une femme vue à mi-corps, debout, nu-tête, vêtue d'une camisole de soie bleu de ciel, est placée vis-à-vis d'une toilette, sur laquelle on remarque un collier de perles et un coffre ouvert. Elle tient dans ses mains une lettre qu'elle paraît lire avec beaucoup d'attention. Cette figure se détache en demi-teinte sur une muraille blanche, ornée d'une grande carte géographique suspendue à des rouleaux.

Outre que ce tableau est très piquant d'effet, rien de plus naturel que la pose de la femme, ni de mieux exprimé que l'intérêt que lui inspire la lettre dont elle fait la lecture.

TERBURCH (Gérard).

128. *Les Forgerons taillandiers.* Toile, haut. 30 p., larg. 24.

Un forgeron en veste et en tablier, un bonnet sur la tête, les mains derrière le dos, est debout au milieu d'une petite cour, et s'entretient avec son ouvrier qui aiguise des faucilles : la meule qui sert à cette opération est placée sous un hangard, et mise en mouvement par une roue à engrénage que fait tourner un cheval. Divers instrumens aratoires, quelques poules et autres détails sont répandus sur le terrain. Devant sa loge se repose un chien, gardien fidèle de cet endroit. A droite est la forge; la porte en est ouverte, et l'on y voit un fourneau, une enclume, un étau et autres outils de forgeron. A gauche, les toits de plusieurs maisons dominent celui du hangard, et plus loin s'élèvent deux clochers du ton de couleur le plus aérien. Une fenêtre dont le vitrage est cassé, la vétusté des murs, de vieilles boiseries et un certain désordre, donnent à cette rustique cour un aspect très pittoresque.

METZU (Gabriel).

129. *L'Écrivain.* Bois, haut. 9 p. 9 lig., larg. 8 p. 6 lig.

Vêtu d'une espèce de robe de chambre grise à petit galon sur les coutures, coiffé d'une calotte qui ne couvre que le sommet de ses longs cheveux, un jeune homme est assis devant une table où sont posés une écritoire d'argent et un livre couvert de parchemin. Il tient une plume, et relit attentivement une lettre qu'il vient d'écrire, tandis que sa servante lui apporte une bougie allumée pour la cacheter.

Ce tableau de Metzu n'est au-dessous d'aucune de ses plus belles productions connues. On y admire son exécution brillante, sa touche facile et large, son beau fini, son intelligence peu commune à mettre en harmonie les teintes les plus opposées, en un mot toute la vérité, toute la beauté d'effet imaginable. Celui qui représente les taillandiers (1) est une chose unique; l'air y est rendu à merveille. C'est la nature, mais la nature embellie par le goût et l'esprit d'un talent supérieur.

130. *La Peseuse d'argent.* Bois, hauteur 8 pouces, largeur 7 pouces.

Une femme seule, assise dans un fauteuil, vis-à-vis d'une table couverte d'un tapis bleu, pèse des pièces d'or et d'argent. Elle tient sa balance de la main gauche, et de la droite y place un écu; l'attention est bien exprimée sur sa physionomie.

MIERIS (Guillaume).

131. *Intérieur de cuisine.* Bois, hauteur 19 p. 6 lig., largeur 16 pouces.

Une jeune servante debout et vue par le dos près de la cheminée d'une cuisine, vient d'embrocher un gigot qu'elle se dispose à mettre au feu. Une autre femme est assise en face du spectateur, une petite planche sur les genoux, et s'occupe à ratisser des carottes; un seau à moitié plein

---

(1) Voyez ce que nous avons dit, au sujet de ce tableau, dans le cours de l'avertissement qui est en tête de ce catalogue.

d'eau, des artichauts, des choux rouges et autres légumes sont à terre à côté d'elle. L'attention qu'elle donne à son ouvrage est cause qu'elle ne s'aperçoit pas qu'un chat s'est approché d'un plat de petits poissons qui tentent son avidité. Derrière cette femme, un valet d'office aiguise des couteaux dont l'étui est tombé à ses pieds. Parmi les provisions destinées au repas qu'on prépare, on remarque encore une volaille accrochée contre le mur, un plat de viande de boucherie posé sur un buffet, et un levreau attaché avec une perdrix à un croc pendu sous le plancher. Une pompe, des bassins, un mortier de cuivre et beaucoup d'autres ustensiles remarquables par leur propreté, enrichissent toutes les parties de ce tableau.

Cet ouvrage est un des plus capitaux de Guillaume Mieris; avec cela, il est d'un tel fini et si vrai dans ses moindres détails, qu'il est permis d'affirmer que cet artiste n'a rien produit de plus parfait.

132. *Portrait d'un magistrat.* Cuivre, hauteur 6 pouces, largeur 4 pouces 6 lignes.

Il est vu de face, à mi-corps, coiffé d'une large perruque qui lui descend sur les épaules, et vêtu d'un habit de soie noir à fleurs, accompagné d'un rabat en dentelle.

Ce petit portrait est d'une bonne couleur et d'un fini précieux.

MOMERS.

133. *Paysage pastoral.* Toile, hauteur 24 pouces, largeur 30 pouces.

Sur le devant du tableau, deux jeunes villageoises gardent des chèvres et des brebis. L'une d'elles est assise et tient une bouteille sur ses genoux; l'autre file au fuseau. Un paysan, conduisant un âne chargé de paniers, s'est approché des deux bergères et fait avec elles la conversation. Dans les lointains, on aperçoit une ville, une rivière et des coteaux chargés de bois. Le ciel est clair, et l'horizon légèrement chargé de nuages.

Ce tableau, qui est des plus agréables de ce maître, rappelle les compositions de Berchem et la couleur de K. du Jardin.

MOOR (Carle de).

134. *Le Petit faiseur de bulles.* Bois, hauteur 6 pouces 6 lignes, largeur 8 pouces.

Un jeune garçon, chaussé de cothurnes et richement vêtu, est assis sur l'herbe dans un parc, et s'amuse à faire des bulles de savon. Un homme se promène plus loin avec une dame, et semble lui faire remarquer une de ces bulles qui voltigent au-dessus de leurs têtes. Ces figures et tout le fond du tableau sont sacrifiés à celle du petit garçon, ce qui la fait ressortir avec beaucoup d'éclat.

Le visage de cet enfant est très agréable, et son air un peu malin; au reste, quelle peut avoir été l'idée du peintre en lui donnant des ailes? quelle allégorie a-t-il voulu nous offrir? Ces bulles, qu'un léger souffle dissipe, sont bien le symbole de la fragilité des choses humaines; mais, présentées par l'amour, elles doivent signifier quelque chose de plus.

OSTADE (Adrien Van).

135. *Le Cabaret hollandais.* Bois, haut. 23 p. 6 lig., larg. 21 p. 6 lig.

Dans une vaste chaumière qui ne reçoit le jour que par une porte cintrée, sont rassemblés plus de vingt-cinq personnages dont les attitudes et les caractères sont variés de la manière la plus naturelle. Ici les quatres âges sont réunis et se livrent aux plaisirs qui leur sont propres. Sur le devant, un enfant, assis sur une escabelle, près d'une terrine de lait caillé, indique par son maintien qu'il s'en est donné jusqu'à satiété; tout près de lui, un pauvre villageois accepte, en ôtant humblement son chapeau, une rasade que vient de lui verser un bon vivant à mine rubiconde, à l'air le plus jovial. Une vieille femme, coiffée d'une cornette, les regarde en riant. Derrière elle, dans l'ombre, on distingue un ivrogne qui s'est endormi sur une table à côte de plusieurs autres buveurs. Vis-à-vis de la porte, des danseurs exécutent un pas de deux au son de la musette, à la grande satisfaction de plusieurs spectateurs. Parmi ceux-ci, on remarque principalement un homme debout, les mains croisées derrière le dos, le chapeau orné d'une plume de coq; on juge à son maintien assuré que c'est un des gros du village. Un autre homme, assis et appuyé sur ses genoux, une pipe à la main, porte sa vue hors du tableau. Vers la gauche, dans le jour de la porte, un mari, à côté de sa femme, lui passe le bras autour du cou et cause tranquillement avec elle, tandis qu'une conversation beaucoup plus animée paraît avoir lieu derrière leur dos, entre trois rustres épais dont l'âge n'est pourtant plus celui des plaisirs.

On se doute bien que cette scène tumultueuse a donné lieu à beaucoup d'accessoires, et que les ustensiles de cabaret n'y sont pas épargnés; dans son ensemble, c'est le portrait le plus véridique qu'on puisse faire des amusemens d'une assemblée de buveurs. Le jour qui l'éclaire est mystérieux et ménagé comme dans les ouvrages de Rembrandt, avec lequel Ostade rivalise ici pour l'énergie de la couleur et la science du clair-obscur.

Ce tableau est du petit nombre des morceaux de choix dont était composé le cabinet de M. Clos. De ce cabinet, il était passé dans celui de M. Defrenne, dont la vente se fit il y a quelques années.

136. *Intérieur rustique*. Bois, haut. 16 p., larg. 13 p. 6 lig.

Assis à table, l'un vis-à-vis de l'autre, deux bons villageois, d'ancienne connaissance, consacrent quelques momens au plaisir de causer tête-à-tête en vidant une bouteille. L'un d'eux, le dos courbé, la main droite sur son genou et tenant sa pipe de la gauche, anime particulièrement l'entretien par le récit de quelqu'aventure plaisante. Son camarade l'écoute avec attention, et, pour qu'il reprenne haleine, se dispose à lui verser à boire. Un enfant debout, à l'extrémité de la table, les regarde et sourit avec ingénuité. Pendant ce temps, la maîtresse de la maison, indifférente à ce qui se dit, est occupée, près de son feu, des soins de son ménage.

Saisir les nuances délicates et infinies du naturel est ce qu'il y a de difficile en peinture, et ce que les règles n'apprennent point. Aussi n'y a-t-il véritablement qu'un bien petit nombre de grands artistes, même dans le genre familier. Dans ce petit nombre, Ostade tient une des premières places.

OSTADE (Isaac van).

137. *Les Voyageurs*. Bois, hauteur 18 pouces, largeur 13 pouces 6 lignes.

Sur le bord d'un chemin, une femme et deux hommes, assis à l'ombre, se reposent des fatigues de la route. Un villageois, le dos chargé d'une hotte, sous le poids de laquelle il paraît fléchir, s'est arrêté pour causer avec eux ; pendant ce temps son chien boit dans l'eau d'une etnière. Plus loin cheminent lentement deux autres voyageurs, dont l'un est monté sur un cheval blanc.

Isaac Ostade rivalise ici avec Adrien, soit par la chaleur du coloris, soit par l'excellence du pinceau.

POTTER (Paulus), 1646.

138. *Le Pâturage*. Bois, hauteur 18 pouces 6 lignes, largeur 24 pouces.

Douze animaux domestiques couvrent le devant de ce tableau. Voici l'ordre dans lequel ils sont disposés :

Une chèvre et deux brebis se reposant à l'ombre, sur le premier plan, forment à main droite un groupe particulier. Non loin d'elles, un bouc couché à part se tient également au frais. A quelques pas de là, une génisse et quatre vaches, frappées d'une lumière plutôt modérée que vive, composent le groupe principal, celui qui attire et fixe particulièrement les regards. La génisse est couchée, et semble ruminer. Les quatre vaches, chacune d'une couleur différente attendent avec patience le moment où elles vont être débarrassées de leur lait, et déjà l'une d'elles a livré ses abondantes mamelles aux mains d'une jeune servante qui est occupée à la traire. Plus loin est une cinquième vache, à côté de laquelle se trouvent deux brebis. A main gauche, un sentier bordé d'arbres longe le pâturage, et conduit à une petite ferme; à main droite, le point de vue se termine par une plaine très-étendue.

Qu'on s'imagine voir cette réunion d'objets dans la campagne ; qu'on se figure voir ces animaux ruminer, agir ou se reposer avec une innocente confiance, sous l'œil de l'active paysanne chargée de les surveiller; qu'on se fasse l'idée d'un ciel brillant, sans bornes, éclairant une plaine fertile; et l'image que l'esprit aura créée sera la répétition de celui de P. Poter.

Du reste, qu'on n'oublie pas que ce peintre, observateur et si favorisé de la nature, n'a représenté que trois ou quatre animaux dans la plupart de ses ouvrages. Ici nous en avons onze, dont huit sur le premier plan, et tous dessinés avec cette perfection dont il a seul été capable; avec cela quel empâtement, quelle solidité de *faire !* comme ce paysage est bien touché ! où retrouver de la main de P. Poter, à quelque prix que ce soit, une autre production de cette importance? Frappé de cette pensée, M. L. ayant ordonné la vente de son premier cabinet, fit racheter ce tableau pour être une des pierres fondamentales, si l'on peut le dire, de la nouvelle collection qu'il avait résolu de former.

139. *Scène pastorale*. Bois, hauteur 14 pouces, largeur 6 p. 6 lig.

A l'ombre d'un chêne et pendant une belle soirée d'été, une jeune fille danse avec deux pâtres au son d'une musette dont un de leurs camarades paraît habile à jouer. Dans une cabane, à gauche, est une partie des animaux qu'ils gardent; d'autres sont du côté opposé, sur le bord d'une mare ou d'un étang qui est censé hors du tableau. On remarque aussi parmi les détails très soignés qui recommandent cette rare production, un petit oiseau perché sur une branche, une grenouille qui sort de l'eau, et beaucoup plus d'arbres que Paul Potter n'avait coutume d'en peindre dans ses tableaux.

140. *Jeune Cheval* dans un parc. Bois, hauteur 13 pouces 6 lig., largeur 11 p.

Un jeune cheval blanc, tacheté de noir, est arrêté sur

le devant d'un parc; un bruit qu'il a entendu lui fait lever la tête : son œil vif indique son ardeur et fait deviner son agilité. Plus loin, deux biches accompagnent un cerf qui boit dans un étang. Un ciel nébuleux oppose sa couleur sombre à celle du cheval, ce qui produit naturellement un grand effet.

Potter a peint ce tableau en 1653, à l'âge de vingt-huit ans, c'est-à-dire lorsqu'il était dans toute la vigueur de son admirable talent.

POTTER (attribué à PAUL).

101. *Le Pâturage.* Bois, hauteur 8 pouces, largeur 10 pouces.

Un bœuf, sur le devant d'un pâturage, est en repos et paraît ruminer. A droite, sur une clôture en planches, on lit ; *Paulus Potter f.* 1650. Du côté opposé on aperçoit dans le lointain un pâtre, des vaches et le clocher d'une église de village. Avec le pelage blanc du bœuf contraste la teinte sombre d'un ciel couvert de gros nuages. Cette opposition produit un effet pareil à celui du précédent tableau.

C'est, selon quelques connaisseurs, une étude faite d'après nature.

PYNAKER (ADAM).

142. *Paysage.* Bois, hauteur 15 pouces, largeur 13 p. 6 lignes.

Ici plus que dans aucun autre de ses ouvrages (nous parlons de ceux que nous avons vus), Pynaker s'est distingué par la chaleur et l'éclat du coloris, par la finesse et l'esprit du pinceau. Il nous semble même qu'il ait voulu s'y montrer l'émule du célèbre Both d'Italie.

Le premier plan est arrosé par un ruisseau limpide; un homme s'y baigne les pieds, et tout près de lui est une femme debout, filant au fuseau. Au-delà du ruisseau, à droite, devant une masse de rochers couverts de bois, s'élèvent quelques grands arbres sur les deux bords d'un chemin, autrefois fermé par une porte qui est maintenant en ruine. A gauche, un paysan, précédé d'un mulet, s'enfonce dans la campagne.

REMBRANDT (Paul), Van Ryn.

143. *Lucrèce*, figure à mi-corps et de grandeur naturelle. Toile, hauteur 42 p., largeur 36 p.

Agitée d'une douleur sombre, la malheureuse épouse de Collatinus lève sur elle le poignard qu'elle a résolu de s'enfoncer dans le sein.

Ce sujet étant trop connu pour qu'il soit nécessaire de l'expliquer ici, nous nous bornerons à dire que Rembrandt l'a traité avec son originalité ordinaire, et qu'il y a déployé toute la hardiesse de son pinceau, toute la force, toute la chaleur de son étonnant coloris.

144. *La Famille de Tobie.* Bois, hauteur   p., largeur   p.

Tobie et sa famille sont représentés au moment où l'ange prend son vol dans les airs, après leur avoir recommandé d'être fidèles au Seigneur et de publier ses merveilles. Le saint patriarche et son fils sont prosternés, et adorent profondément la bonté du Très-Haut, qui les a comblés de biens. La mère et la jeune épouse, sur un plan plus reculé, témoignent également leur admiration et leur reconnaissance.

Rembrandt a d'autant mieux rendu ce sujet que la magie de son coloris s: prêtait singulièrement aux effets surnaturels et à tout ce qui rentre dans la classe des fictions.

On nous objectera, peut-être, que le Musée royal de France possède de Rembrandt une composition semblable à celle-ci. Beaucoup de peintres qui ne manquaient pas de génie se sont répétés : pourquoi Rembrandt n'en aurait-il pas fait autant? Notre tableau a fait partie de la collection de Nathaniel Hone, où il a toujours été regardé comme original. C'est aussi l'opinion de M. W. S. Woodburn, comme le prouve un écrit que nous avons entre les mains, et M. Woodburn jouit à Londres de la réputation de grand connaisseur. Il y a à Paris des experts qui sont du même avis. Au surplus, nous soumettons ces réflexions au jugement des curieux. Il y aurait trop de présomption de notre part à vouloir que notre opinion fût sans examen la règle de celle d'autrui.

RUYSDAEL (Jacques).

145. *Forêt marécageuse*. Toile, hauteur 22 pouces, largeur 28 pouces.

Des bouquets d'arbres, plantés à gauche et au milieu du point de vue, y forment, par le rapprochement de leurs épais rameaux, une espèce de voûte obscure, sous laquelle on voit des canards barbotant dans les eaux stagnantes d'un marais. A droite est un chemin sablonneux près duquel un berger fait paître trois brebis. De ce même côté une échappée de vue met à découvert la campagne lointaine. Un vieil arbre presque sans branches, en partie dépouillé de son écorce et desséché par le soleil, se fait principalement remarquer au centre de la composition, où il produit un grand effet. Le ciel couvert de nuages indique un jour de pluie.

Ce paysage a fait l'ornement de plusieurs riches collections, et en dernier lieu de celle de M. Aynard; c'est un des bons ouvrages de Ruysdaël, et ce qu'on nomme communément un morceau de choix. On lui a donné le titre de *Paysage aux Canards*.

146. *Autre Paysage avec effet de neige*. Toile, hauteur 20 p., largeur 25 p.

Un chemin frayé dans la neige conduit par-dessus un petit pont vers deux moulins à vent placés au milieu du tableau, et près desquels on voit la maison du meunier. Sur le devant un homme tenant à la main un long crochet, cause avec un autre qui est appuyé sur une petite baraque, où il arrange des paquets de joncs. Plus loin sur le pont, une femme dont le vent agite la coiffe et le mantelet blanc, est accompagnée de deux petits enfans, et se dirige vers un village que l'on aperçoit, à droite, au bord d'un canal glacé, sur lequel s'exercent des patineurs.

Des arbres entièrement dépouillés de feuilles, un ciel couvert de gros nuages, achèvent de rendre, dans ce tableau, tous les effets d'un rigoureux hiver.

Ruysdaël a savamment racheté l'uniformité qui paraissait inséparable de cet effet, en variant ses teintes et en faisant briller chaque objet par l'esprit de son pinceau.

147. *Paysage couvert de neige*. Toile, hauteur 22 p. 6 l., largeur 32 p.

Des villages et des chaumières environnées d'arbres sont

dispersés sur les deux rives d'un canal. Les arbres sont tout-à-fait dépouillés de leur verdure et chargés d'épais frimats; le canal entièrement glacé n'offre plus à sa surface qu'une couche de neige, à travers laquelle le villageois s'est frayé plusieurs routes; des enfans s'y amusent avec un traîneau; on y voit en outre çà et là des patineurs et beaucoup d'autres personnages. Des troncs d'arbres sont amoncelés sur les premiers plans; le ciel est couvert de nuages dont les contours sont légèrement colorés par le soleil.

RUBENS (Pierre-Paul).

148. *La Sainte Famille* accompagnée de sainte Élisabeth et du petit saint Jean, figures de grandeur naturelle. Bois, hauteur 50 p., largeur 37 p.

Ce chef-d'œuvre de coloris faisait autrefois partie de la galerie impériale de Vienne. L'empereur eut la générosité d'en faire présent il y a trente et quelques années à un sieur de Burtin, conseiller à Bruxelles, en reconnaissance de services qu'il en avait reçus: rien ne coûte à un prince libéral, quand il veut récompenser. Si grande que soit la beauté d'un tableau, une pareille origine ne laisse pas d'y ajouter quelque lustre.

Rubens a voulu représenter sainte Élisabeth visitant sa cousine, et présentant son fils à l'enfant Jésus. Voici comment il a conçu et disposé cette scène:

La Vierge occupe le milieu du tableau. Sainte Élisabeth est assise à sa gauche, un peu plus bas, et tient sur ses genoux le petit saint Jean-Baptiste, dont les regards expressifs, les mains jointes et le corps incliné en avant, font connaître les sentimens de respect et d'amiration que lui inspire déjà le fils de Marie. Celui-ci, debout à la droite de sa mère qui le soutient des deux mains, avance le bras gauche vers le précurseur, comme pour le caresser. La Vierge regarde saint Jean Baptiste, et malgré le calme auguste qui règne sur son visage, sa seule attention décèle la joie intérieure que lui cause l'hommage innocent et pur dont son divin fils est l'objet. Derrière elle, à sa droite, est placé saint Joseph, qui s'appuie de la main gauche sur un piédestal d'une colonne, et porte ses regards hors du tableau."

Sous les rapports du faire, du coloris et des airs de tête, ce tableau est vraiment remarquable et digne des plus grands éloges. « Rubens l'exécuta lorsqu'il était dans la plus grande force de son admirable talent, et, s'il ne s'y est pas surpassé lui-même, il y a du moins répandu, de la manière la plus heureuse, ce coloris brillant et pur, ce coloris si plein de charmes, que l'art doit à son génie créateur. Les expressions sont justes. Élisabeth, malgré son grand âge, conserve encore des restes de beauté, et sur son front noble et serein semble résider la paix de son âme; elle regarde, elle contemple sans envie l'enfant de son heureuse cousine. A l'éclat de la jeunesse, à des traits charmans, à une sorte de majesté, la bien-aimée de Dieu réunit cette grâce inexprimable qui est le partage ordinaire d'une vierge candide, dont le cœur n'a jamais connu qu'un bonheur pur. Sa modestie lui fait éviter le grand jour; c'est du moins ce que paraît exprimer la demi-teinte ingénieusement répandue sur sa figure. Le corps de Jésus reçoit la plus grande lumière, et son visage peut bien être le portrait de quelque bel enfant; son expression est entièrement prise dans la nature; c'est l'innocence même. Celle du petit saint Jean, qui est assis sur sa mère, est un mélange frappant de vénération et d'ingénuité enfantine. Si nous considérons les poses, les ajustemens, nous trouverons que ceux-ci sont disposés avec goût, et que les autres, aussi simples que convenables à chaque personnage, concourent parfaitement à l'unité d'action. La même unité règne dans l'effet, malgré la fraîcheur et l'éclat de toutes les couleurs locales. En cela Rubens a peu d'égaux, et peut-être même n'en a-t-il aucun.

De crainte qu'on ne nous taxe d'exagération dans un éloge qui est bien au-dessous des sensations qui nous l'ont dicté, nous allons rapporter un passage extrait d'un catalogue (1) publié en 1808, par le sieur de Burtin, passage où cet écrivain loue le tableau que nous venons de décrire.

Cet étonnant tableau, dit-il, *soutient facilement, par la réunion de ses qualités sublimes, le parallèle avec tout ce que l'art a produit de plus merveilleux; sans en excepter la TRANSFIGURATION de Raphaël* (ici, il faut en convenir, l'exagération est frappante), *et les autres chefs-d'œuvre des maîtres italiens, dont aucun, parmi tous ceux que je connais, ne lui est comparable du côté de l'effet et de la magie des couleurs. Aussi est-il reconnu de tout temps pour le chef-d'œuvre de l'immortel Rubens, dont le divin pinceau a créé cette merveille avec tout l'amour et tout le soin possibles, à son retour d'Italie, pour témoigner sa juste reconnaissance envers Albert et Isabelle, ses souverains et ses bienfaiteurs. C'est le premier sujet historique qu'il ait entrepris depuis sa rentrée aux Pays-Bas. L'admiration générale qu'il excita, mit Rubens tellement en vogue, que, pour satisfaire à toutes les demandes, il lui devint impossible de donner les mêmes soins à ses autres ouvrages, dont il fut même obligé de confier le plus grand nombre, sinon en totalité, au moins en partie, aux habiles pinceaux des savans élèves qu'il ne forma qu'après avoir peint celui-ci, etc., etc.*

---

(1) Ce catalogue fait partie d'un ouvrage en 2 vol. in-8°., ayant pour titre : *Traité théorique et pratique des connaissances qui sont nécessaires à tout amateur de tableaux.*

SLINGELANDT (Pierre Van).

149. *Intérieur de cuisine.* Bois, hauteur 10 p. 6 lig., largeur 13 p.

Près d'une cheminée où l'on voit une marmite sur le feu, une jeune femme assise tient sur ses genoux un vase de terre qu'elle achève de vider, en portant à sa bouche les dernières cuillerées de l'aliment qu'il contenait. Derrière elle, sur une table couverte d'un tapis, sont placés une corbeille d'osier, une bouteille, une écuelle et un mortier avec son pilon. Au-dessus, on voit quelques livres et un flambeau sur une planche; à terre, près de la table, est un seau contenant divers légumes; ailleurs enfin sont groupés une corbeille pleine de morceaux de bois, un chaudron de cuivre, un baquet renversé, une écumoire et autres ustensiles de ménage. On ne saurait trop vanter la fidélité scrupuleuse, l'extrême fini avec lesquels tous ces objets sont imités; on sait, en outre, combien les ouvrages de ce maître sont rares et recherchés.

150. *Portrait de Jean Van Crombrugge.* Bois, hauteur 11 p., largeur 9 p. 6 l.

Crombrugge était un magistrat de la ville de Leyde; il est représenté debout, en robe de chambre de soie brune, coiffé d'une grande perruque, la main droite posée sur une table couverte d'un tapis de Turquie. De la main gauche il tient une lettre et paraît ordonner quelque chose à un jeune homme qui est dans le fond de la salle, près d'une porte ouverte, à travers laquelle on aperçoit un corridor et un escalier. Sur la table sont posés des papiers, un livre et un plateau d'argent dans lequel sont réunis une écritoire, un cachet et un gobelet. On lit sur la tranche du livre : P. V. Slingelandt, 1677.

La patience et ce soin avec lesquels le peintre finissait ses tableaux, la vérité qu'il y a toujours mise, ne sont pas tout le mérite de celui-ci ; on y remarque encore du goût dans la pose de la figure, et de la correction dans le dessin.

STEEN (Jean).

151. *Scène familière.* Toile, hauteur 11 p., largeur 13 p. 9 lignes.

Un vieillard à barbe et à cheveux blancs, est assis et attire entre ses jambes une jeune cabaretière de bonne humeur. Celle-ci le décoiffe en riant, et le plaisante d'une ardeur qui va mal avec son front chauve. D'un vase qu'elle tient de la main gauche, tombent quelques gouttes de bierre sur la culotte du galant suranné. Pendant ce temps, le mari remonte de la cave avec un vase rempli de lait ; au fond de la salle, trois autres personnages, fort occupés d'une partie de trictrac, ne prennent point garde à l'amoureux débat. Par une fenêtre ouverte, donnant sur la campagne, on aperçoit des arbres et un clocher.

152. *Le Concert comique.* Toile, hauteur 22 p., largeur 9 pouces.

Une jeune fille à moitié assise sur une table et embouchant un hautbois, s'amuse à en tirer des sons, probablement faux, auxquels se marient les cris d'un petit garçon, les aboiemens d'un chien et les miaulemens d'un chat qu'un autre enfant fait danser. Cette scène, qui les divertit et amuse en même temps un troisième bambin qui fait partie de leur petite société, produit en apparence un effet tout contraire sur les oreilles d'un vieillard qui les regarde par une petite croisée, et dont la figure montre un peu de mauvaise humeur.

153. *La Défense.* Bois, hauteur 10 pouces 9 lignes, largeur 9 pouces.

Une villageoise, à mine joyeuse, se défend en riant contre les entreprises un peu hardies d'un rustre qu'elle a vraisemblablement trop agacé.

STEVENS (PALAMÈDE).

154. *Portrait d'homme.* Bois, hauteur 6 p. 6 lig., largeur 5 p. 6 lig.

Cet homme, debout, à mi-corps, la tête découverte, est vêtu d'un juste-au-corps noir et d'un manteau de la même couleur, relevé par devant sous le bras droit. Il porte une main sur sa poitrine, et de l'autre tient une paire de gants.

Cette figure, bien peinte et pleine d'expression, se détache sur un font gris-clair.

SUSTRIS (LAMBERT).

155. *Ex voto.* Toile, haut. 48 p., larg. 42 p.

Ce tableau est un de ceux qu'en certaines circonstances, des personnes dévotes faisaient vœu de donner à des églises, et dans lesquels, par un petit mouvement d'orgueil, elles aimaient à être représentées.

Devant la Vierge assise et tenant l'Enfant-Jésus sur ses genoux, se prosterne un religieux personnage qui invoque leur auguste assistance. A l'air de satisfaction qui règne sur sa figure, on juge que ses prières sont favorablement entendues. Jésus, en effet, le regarde avec bonté, et, par une inspiration bien naturelle aux enfans de son âge, lui offre une pomme qu'il a dans la main.

Dessin, *faire*, coloris, tout dans ce tableau nous rappelle les ouvrages du célèbre Titien, que Sustris avait choisi pour maître.

TENIERS le jeune (DAVID).

156. *La tentation de saint Antoine.* Cuivre; hauteur 21 p., largeur 28 p. 6 lig.

Une vaste grotte, creusée sous un rocher, sert de retraite au saint. C'est dans cet asile sauvage, qu'à genoux, joignant les mains et contemplant un Christ auquel il attache toutes ses pensées, l'austère ermite parvient à triompher des efforts qu'emploient les démons pour le distraire et le tenter. Une espèce de duègne, dont l'essence infernale se décèle par la paire de cornes qui perce sa coiffure, excite vainement le saint homme à lever les yeux sur un autre démon qui se présente devant lui un verre à la main et sous les traits d'une jeune femme disposée à le séduire. Plus de vingt autres esprits, sortis des éternels abîmes, et revêtus de formes plus ou moins hideuses et bizarres, entourent le solitaire, et tâchent, par un horrible vacarme, de l'arracher à ses pieuses méditations.

Ce tableau est parfait sous le double rapport de la touche et du coloris.

Les quatre Saisons, figurées dans quatre tableaux par les travaux agricoles, ou les plaisirs champêtres de chaque mois. Cuivre, haut. 22 p. 6 lig., larg. 33 p.

Il faudrait à la plume la plus éloquente des pages pour

décrire l'étonnante richesse de ces quatre compositions, la variété infinie de leurs détails, les intentions fines et spirituelles de l'artiste, et encore ne traduirait-elle qu'imparfaitement l'ouvrage du pinceau. Nous nous bornerons donc à ne donner qu'une esquisse rapide de chaque sujet.

157. *Le Printemps, ou les mois de Mars, Avril et Mai.*

Le spectateur, placé dans un lieu élevé, où Teniers s'est représenté lui-même environné de sa famille, découvre, sous un même coup-d'œil, un point de vue très pittoresque : ici, c'est un château (1) entouré de futaies, de métairies, de jardins, de canaux ; au-delà, ce sont des moulins et des chaumières dispersés sur la pente d'un coteau ; dans le fond, c'est un village sur le bord de la mer ; à l'horizon, vers la gauche, une aurore, symbole du réveil de la nature, dissipe avec peine des nuages épais qui recèlent encore la pluie, les neiges et les tempêtes de l'équinoxe, tandis que vers la droite l'azur des cieux, des nuages plus rares, un atmosphère plus clair, annoncent le retour du printemps. Déjà les frimats se fondent, les arbres et les prés se parent de verdure; déjà des fleurs nouvelles émaillent les parterres; le cultivateur a repris ses travaux, et l'homme riche, ennuyé de ses salons dorés, les a quittés pour jouir des agrémens de la campagne. C'est alors que le paysage s'anime; de nombreux groupes de figures forment des scènes aussi variées qu'intéressantes; là le jardinier offre à sa jeune maîtresse l'hommage d'une fleur fraîchement éclose ; ici, l'amant près de celle qu'il aime, reprend timidement le chemin du bosquet qui vit naître leurs

---

(1) Le château même qu'habitait Teniers et qu'il a reproduit dans une grande partie de ses tableaux.

amours; plus loin, une société brillante, réunie sur la pelouse autour d'un mai, se livre gaîment au plaisir de la musique et de la danse.

158. *L'été*, ou *les mois de Juin, Juillet et Août*.

L'été paraît, le soleil au zénith lance des feux ardens; la terre, couverte de moissons dorées, offre au laboureur l'espoir consolant d'une abondante récolte : c'est la saison des travaux et des fatigues. Les jeunes gens et les vieillards fournissent également leur tâche, les uns tiennent dans leurs bras vigoureux le mouton indocile dont ils blanchissent la laine, tandis que les autres, armés de long ciseaux, le dépouillent de son utile toison. Plus loin, un champ de blé tombe sous la faucille du moissonneur, et l'herbe desséchée des prairies s'élève en meules sous la fourche des faneurs. L'écho des vallées retentit des chants rustiques, les charriots pesamment chargés et lentement conduits vers la grange, portent en triomphe les fruits du labeur et de l'industrie.

159. *L'Automne*, ou *les mois de Septembre, Octobre et Novembre*.

A la récolte des grains succède celle des fruits et la préparation des boissons. Ici, le peintre a rendu avec un charme inexprimable, une scène extrêmement intéressante. Le fermier, au milieu de sa famille et de nombreux serviteurs, tous occupés à recueillir les trésors que leur a prodigués Pomone, conclut avec un marchand une vente de pommes que déjà l'on charge sur sa voiture. Une poignée de main assure réciproquement la bonne foi du marché; mais la femme, toujours inquiète, et jalouse de donner quelque marque de son autorité, a voulu être témoin de l'affaire; elle est près du maître; et sa physionomie indique qu'elle lui suggère quelqu'observation tardive. Une jeune fille au regard malin, observe en silence et paraît se réjouir en pensant que les bénéfices de l'année pourront arrondir sa dot, et hâter une union désirée. D'autres tableaux se développent sur la droite; de laborieux vendangeurs recueillent le raisin et le houblon, raccommodent les tonneaux, et préparent, dans une brasserie, la liqueur qui doit présider aux festins. Cependant l'air s'est refroidi, le soleil incliné ne darde plus que des rayons obliques ; les arbres perdent leur feuillage, le givre commence à blanchir les coteaux, et le bois se fend en gémissant sous la hache des bûcherons.

160. *L'Hiver*, ou *les mois de Décembre, Janvier et Février.*

Enfin le sombre hiver vient terminer le cercle des saisons ; le souffle du nord a glacé la nature ; le ciel est obscurci, et des nuages amoncelés versent la neige et la pluie; mais l'homme n'a point perdu sa gaîté, chaque saison lui fournit de nouveaux travaux et de nouveaux plaisirs. Des scènes non moins variées se multiplient à l'œil de l'observateur, et naissent sous le pinceau de l'artiste. Ici, une bonne mère s'avance entourée de ses enfans; ils sont chargés de livres, de gâteaux, de joujoux : c'est l'époque des étrennes; elle jouit de leur bonheur, et leurs vœux réciproques, toujours purs et sincères au village, ont sanctionné de nouveau leur tendresse mutuelle. Là, d'agiles patineurs luttent d'adresse sur la glace des étangs. Enfin cette foule toujours active et prévoyante, ces amis, ces familles réunies devant le toit paternel, s'occupent de la salaison des viandes et des provisions qui doivent alimenter la table. Le porc succombe sous le couteau meurtrier ; on recueille son sang, la flamme pétillante enlève le poil grossier qui couvre sa peau, on dépèce sa chair. La joie, le bonheur, animent toutes les physionomies, et donnent de l'expression à chaque figure.

C'est ainsi que savant imitateur de la nature, poète aimable, observateur profond, Teniers nous offre dans ces quatre compositions admirables, une image fidèle de la vie champêtre, des mœurs douces et de l'industrie des villageois vertueux, et ces tableaux, embellis par un coloris frais et brillant, par tout le prestige de l'art, charment à-la-fois l'œil et l'esprit, et font naître les plus douces illusions.

161. *Kermesse*. Toile, hauteur 21 pouces 6 lignes, largeur 24 pouces.

Cette composition très capitale est gravée dans l'œuvre de Ph. Lebas, et provient du cabinet du duc de Choiseul-Pralin : elle représente une kermesse ou fête de village, et offre une réunion de cent figures principales. Leurs poses, leurs caractères, leurs actions sont tellement multipliés et produisent tant d'épisodes, qu'on se bornera à n'en décrire que les principales. D'un côté, une foule d'hommes, de femmes, d'enfans, tous amis, tous en bonne humeur, réunis autour de plusieurs tables, se livrent avec franchise à la gaîté des festins ; on y remarque une jolie nourrice tenant son enfant sur ses genoux ; un rustre un peu familier passe son bras autour de son cou, et lui offre à boire. D'un autre côté, une danse se forme au son de la musette. Ici, l'amour se mêle de la partie, le voisin courtise de près sa voisine ; là-bas, l'âge mûr, plus tranquille dans ses goûts, regarde et babille. Plus loin, cet ivrogne soulage avec effort le besoin qui naît de son intempérance ; cet autre, couché sur la terre, a perdu l'équilibre et la raison, tandis qu'un troisième, appuyé contre un poteau, ne fait qu'un coup d'une chopine de vin. Le fond du tableau n'est pas moins pittoresque : des danses, une brillante société, dont la présence contraste agréablement avec les groupes rustiques, complètent cette peinture naïve des plaisirs du village, une de celles où Teniers a le plus donné carrière à son intarissable pinceau.

162. KERMESSE. Bois, hauteur 10 p., largeur 15 p.

Ce petit tableau n'est pas moins précieux par les détails que par la vérité, la vigueur du coloris et la franchise d'exécution. Des villageois que le plaisir a réunis à la guinguette, oublient en dansant, en buvant, en faisant l'amour, leurs fatigues et leurs peines. Comme dans la plupart de ces sortes de sujets, des ivrognes, dans des attitudes grotesquement énergiques, égaient la scène ; le peintre, en peignant les hommes, n'a point oublié leurs faiblesses. Cette jolie kermesse est une de ces productions inimitables qui attestent l'étonnante facilité de l'artiste, et que les amateurs éclairés placent au rang de ses chefs-d'œuvre.

163. *Intérieur de Corps-de-Garde*. Cuivre, hauteur 14 p. 9 lig., largeur 18 p. 6 lig.

Sur le devant, un jeune homme décroche une paire de pistolets attachés dans leur étui à un poteau ; près de lui sont déposés à terre et sur une banquette plusieurs cuirasses, un casque orné de panaches, des gantelets, une selle, une bride, etc. Ces divers objets, que le peintre s'est souvent appliqué à étudier jusque dans les moindres détails, sont rendus avec la vérité la plus exacte. Dans le fond, près du feu, quatre villageois et un homme d'armes sont à table et jouent aux cartes ; vers la droite, une femme entre et leur apporte à boire et à manger. La lumière, ménagée avec art sur la figure principale, produit un effet

8

brillant. Une touche fine, une couleur vigoureuse et transparente, décèlent, dans ce tableau, ce talent prodigieux, cette pratique approfondie de l'art, que Teniers possédait à un si haut degré.

TERBURCH (Gérard Ter Borch, toujours nommé)

164. *La Toilette*. Bois, hauteur 17 pouces 6 lignes, largeur 12 p. 6 lignes.

Une jeune dame, occupée de sa toilette dans sa chambre à coucher, attache son mouchoir, et dispose, avec une sorte de coquetterie, cette partie de son ajustement, qui n'est pas la moins importante de sa parure. Elle est vêtue d'un corset jaune à larges manches, et d'une robe longue en soie, de couleur purpurine. Derrière elle, une femme de chambre, la serviette sous le bras, apporte une aiguiaire posée sur un plat d'argent. Sur la toilette sont placés un miroir, un peigne, une brosse, une boîte, et autres petits objets. Un ancien fauteuil en velours cramoisi, et un lit dont les rideaux sont fermés, sont les seuls meubles visibles de la chambre.

165. *La Toilette*. Bois, forme ronde, diamètre, 8 p.

Une jeune dame, vue de profil, est assise à sa toilette devant un miroir, et tient un écrin dans lequel elle choisit des bijoux. Une partie de ses cheveux blonds, négligemment noués, tombe en boucles sur sa poitrine; une robe décoltée, couleur de paille, lui laisse le cou entièrement à découvert.

Terburch avait une prédilection pour cette sorte de sujets. Dans ces deux tableaux-ci, comme dans tous ceux de ce peintre charmant, la grâce et le goût s'unissent au naturel et à la simplicité; les étoffes sont rendues avec art, le faire est moelleux, nourri; chaque partie bien modelée, et la couleur d'une extrême vérité.

Le plus fameux et le plus bel ouvrage de ce maître, le *Traité de paix de Munster*, est signé en caractères très distincts, G. Ter Borch. Comment se fait-il que ce nom ait été changé par Campo Weyerman et Houbraken, en celui de *Terburch*, dont les biographes français ont ensuite fait *Terburg?* Nous fûmes frappés de cette différence d'orthographe, il y a quelques années, en faisant le catalogue des tableaux de M. le prince de Bénévent, dont le *Traité de paix de Munster* faisait partie. Néanmoins, depuis ce temps, nous nous en sommes tenus à écrire Terburch, dans la crainte de tomber dans une innovation qu'il pourrait être difficile d'accréditer.

VELDE (Adrien Vanden).

166. *Paysage vu au coucher du Soleil.* Bois, haut p., largeur

Vers la fin du jour, et sur une route élevée d'où la vue découvre une grande étendue de pays, trois villageois, un à cheval et deux à pied, chassent devant un eux un troupeau de gros et de menu bétail, qu'ils ramènent du marché. Le soleil couchant répand une teinte rougeâtre sur toute la nature; la terre paraît être sur le point de s'embraser.

VELDE (Guillaume Vanden).

167. *Marine.* Bois, hauteur 12 p., larg. 11 p.

La nature n'est ni plus vraie, ni plus belle, ni plus animée que dans l'image que nous en offre ce petit tableau; c'est bien là la teinte blanchâtre des mers de la Hollande;

et ces eaux qui s'agitent, ces nuées qui s'amoncèlent au-dessus de l'horizon, ce vent qui paraît grossir, sont bien les indices d'un commencement d'orage. Pour l'éviter, un vaisseau de haut-bord, des navires de commerce, des bateaux pêcheurs voguent dans des directions différentes, et chacun d'eux, sans doute, se hâte de gagner un port ou d'arriver à sa destination.

Quelle légèreté de pinceau! Quelle pureté, quelle fraîcheur de coloris! Ne dirait-on pas qu'on voit la vague s'élever, s'abaisser, et chacun de ces navires voguer? Pourquoi donc le célèbre Guillaume Vanden-Velde a-t-il si rarement peint des mers agitées? Le balancement des flots, celui des navires, leurs voiles tendues par le vent, leurs manœuvres diverses, en imprimant une espèce de vie à ce genre de tableaux, y attachent l'esprit en même temps que les yeux, et l'on aime à y suivre le pilote dans sa route, soit qu'il lutte avec effort contre les vents, soit qu'il évite avec adresse la vague qui menaçait de l'engloutir.

168. *Marine*. Bois, hauteur 30 p., largeur 25 p.

Par un temps calme, et dans un golfe dont la vaste étendue n'est bornée que par une basse terre, viennent d'arriver des Indes trois vaisseaux de la compagnie hollandaise. L'un d'eux, vu par sa poupe, est sur le devant du tableau; l'on en distingue tous les détails, toutes les manœuvres. Des matelots vont serrer les huniers, que d'autres hommes sont occupés à carguer; pendant ce temps, une grande chaloupe se dirigeant à droite avec une amarre, se dispose à remorquer le vaisseau à l'aide de la marée montante, ou peut-être va porter une ancre à jet pour l'affourcher. Plus loin, à gauche, le second de ces vaisseaux cargue également ses voiles, tandis que le troisième, dont les matelots achèvent de nouer les huniers à leurs vergues, se fait remorquer par sa chaloupe, et gagne, au moyen du flot, quelque cheval voisin.

Deux pêcheurs, dans une petite barque, profitent du beau temps pour tendre leurs filets.

VERELST (Paul) ou VERHELST.

169. *Le Maître d'École.* Bois, hauteur 15 p. 6 l., largeur 12 p. 6 l.

Un maître d'école, entouré de ses élèves, est assis dans un fauteuil devant une table à pupitre, et tient une plume d'une main, tandis que de l'autre il ajuste ses lunettes. Trois espiègles s'amusent derrière son dos : en face de lui, près de la table, deux autres enfans, d'une physionomie intéressante, écoutent ses instructions avec docilité. L'un d'eux annonce par sa mise qu'il est d'un rang plus élevé que les autres écoliers. Un de ceux-ci panse une blessure qu'il s'est faite à la jambe; d'autres, plus loin, seuls ou groupés autour d'une table, se livrent à divers exercices; dans le fond de la classe, on voit une bonne qui emmène un petit garçon.

Verelst, dans ce joli tableau, va de pair avec les meilleurs peintres de genre, sous les divers rapports du dessin et de la composition, de la conduite de la lumière et de la finesse du pinceau.

VERELST (N.)

170. *Les deux Musiciennes.* Bois, hauteur 10 pouces, largeur 8 pouces.

Assise sur une table, un pied appuyé sur une chaise, une jeune dame élégamment vêtue, prélude sur un cistre dont elle va accompagner une jeune fille qui est debout près d'elle. Celle-ci, accoudée sur le dossier de la chaise, a la tête négligemment appuyée sur sa main gauche, et tient, de la droite, un cahier de musique. Elle paraît distraite et peu disposée à chanter.

Ce petit tableau charme également par la douceur de son pinceau, la fraîcheur de son coloris et la manière agréable dont le sujet est traité. C'est l'ouvrage d'une femme que ses talens pour le portrait et les sujets historiques de petite dimension, rendirent très fameuse dans le siècle dernier.

VERKOLJE (Nicolas).

171. *Le Bon Soir.* Bois, hauteur, 11 pouces 6 lignes, largeur 10 pouces.

Une jeune femme en déshabillé, et fermant le volet de sa fenêtre, est éclairée par une bougie que le vent paraît agiter. Son corset entr'ouvert laisse voir une partie de sa gorge, et l'on dirait qu'elle sourit à quelque voisin en lui souhaitant le bon soir. L'effet de ce tableau est si bien rendu, l'exécution en est si belle, qu'au premier coup-d'œil on le prend pour un ouvrage du fameux Schalken.

VRIENDT (François de) communément appelé FRANC-FLORE.

172. *L'Enfant prodigue* avec ses maîtresses. Composition de quatre figures principales vues à mi-corps. Bois, hauteur 34 p., largeur 48 p.

Il est représenté à table avec deux courtisanes. L'une d'elles, tandis qu'il lui passe familièrement le bras autour du cou, affecte de feuilleter un livre de musique; l'autre, peu jalouse de la préférence, se dispose à boire un verre de vin. Un jeune homme, jouant de la flûte, est assis à l'autre bout de la table : sur une escabelle sont posés une aiguière et un vase rempli de fruits. Dans le fond du tableau, sur un plan éloigné, la scène a tout-à-fait changé : le Prodigue, arrivé à la fin de son or et des plaisirs qu'il lui procurait, est exposé à toutes sortes d'outrages, et chassé nu d'une maison de débauche.

Le dessin de ces figures est élégant, les draperies de bon goût, les têtes agréables, le pinceau beaucoup plus délicat, beaucoup plus recherché que dans les ouvrages de Franc-Flore, que nous avons eu occasion de remarquer. Ne serait-il pas plutôt de Stradam, qui resta si long-temps en Italie ?

WERF (Adrien Vander).

173. *La Vierge en prière sur des nuages.* Bois, hauteur 15 p., largeur 10 p. 6 lig.

A genoux sur des nuages, enveloppée de la tête aux pieds dans un ample manteau, la Vierge Marie adore le Dieu qui la reçoit dans son sein. Ses yeux baissés, ses bras croisés sur sa poitrine, expriment la profondeur et la sainteté de son recueillement : ses traits ont quelque chose de divin.

Deux chérubins planent au-dessous de Marie, et la contemplent avec autant d'admiration que de respect.

On a dit mille fois ce qu'il est possible de dire touchant le charme que Vander Werf a su imprimer à ses ouvrages par son étonnante exécution. Ce mérite n'est point le seul qui relève le prix de ce tableau : la figure de Marie est tout-à-fait dans le caractère qui lui est propre ; son expression est admirable. C'est une Vierge pleine de beauté, de grâce et de candeur ; une Vierge jouissant de la béatitude que ses vertus lui ont méritée.

WILS (Jean) et BERCHEM.

174. *Hôtellerie italienne.* Cuivre, hauteur 10 p. 6 lignes; largeur 14 p.

A gauche, vers l'extrémité du premier plan et sur le bord d'un large chemin, s'étendent les ruines d'un palais antique, maintenant transformé en une espèce d'hôtellerie; là, sont disposés des bancs et une longue table de pierre où sont assis deux voyageurs qui attendent qu'on leur serve des rafraîchissemens. Un autre voyageur, resté sur son cheval, au milieu du chemin, examine, en élevant son verre, quelle est la qualité de la liqueur qu'une jeune fille vient de lui verser. Avec ce cavalier délicat contraste un pauvre piéton assis par terre, la besace sur le dos, et accompagné de son chien. Plus loin, un muletier poursuit tranquillement sa route avec un camarade de voyage, et se dirige à droite vers une campagne lointaine. Des arbres et de jeunes arbrisseaux croissent sur les voûtes solides qui servent de comble à ce cabaret. Les figures de ce joli paysage sont du plus beau *faire* de Berchem.

WINANTS (Jean).

175. *Paysage.* Toile, hauteur 17 p. 6 lig., largeur 15 p. 3 lignes.

On admire ici de vieux troncs d'arbres dont l'écorce sillonnée par la vétusté, offre une foule d'accidens et de teintes variées que Winants se plaisait beaucoup à représenter. De jeunes plantes, étalant la richesse de leurs feuillages, entrelacent leurs longues tiges et se groupent avec ces arbres desséchés, ce qui produit tout-à-la-fois, un contraste piquant et une agréable variété. Un lointain, que Lingelbach a enrichi de petites figures, sert à faire ressortir ces divers détails, et augmente l'intérêt du tableau.

WITEL (Gaspar Van), communément appelé Van Vitelli.

176. Vue prise dans les environs de Rome. Toile, haut. p., larg. p.

L'œil plane et domine sur toute l'étendue d'un riant coteau, dont la pente est couverte de jardins, de jolies fabriques et de délicieux casins. Dans le fond est une belle vallée arrosée par le Tibre; sur le devant, de jeunes femmes s'avancent en chantant et en jouant du tambour de basque, tandis qu'à droite, dans un endroit écarté, trois autres femmes, à demi-nues, prennent le plaisir du bain. Le bruit qu'elles entendent les inquiète et leur fait craindre d'être surprises.

WOUWERMAN (Philippe).

177. Partie de Chasse. Bois, haut. 11 p. 6 lig., larg. 14 p. 6 lignes.

Sur la droite, un jeune chasseur caressé par son chien, tient la bride d'un très beau cheval gris pommelé, et se dispose à le monter; près de lui sont deux piqueurs, l'un sonnant de la trompette, et l'autre occupé à détacher un chien; un fauconnier est assis et porte un brancard sur lequel sont perchés plusieurs oiseaux de proie; plus loin, d'autres chasseurs se dirigent au galop vers un quatrième que l'on aperçoit dans le fond, et qui paraît les appeler, en faisant signe de la main. Un valet court après eux. A gauche, sur une petite élévation, plusieurs personnes regardent la chasse. Le ciel est couvert, et sa teinte se rembrunit à l'horizon.

Une empreinte armoriée, imprimée sur le revers du panneau, indique que ce tableau a appartenu à Élisabeth, reine d'Espagne. C'est assurément un titre de recommandation; mais ce titre est bien au-dessous de celui que lui donne le grand nom de Philippe Wouwerman, de cet artiste, on peut le dire, encore *inimité*, et peut-être inimitable. On retrouve, dans la chasse décrite ci-dessus, toutes les qualités qui distinguent les beaux ouvrages de ce maître; *couleur aimable, dégradation savante des tons, esprit dans les figures, grâce et vérité dans les animaux.*

TABLEAUX

OMIS A LEUR RANG.

ÉCOLES FLAMMANDE ET HOLLANDAISE.

BERKHEYDEN (Guérard).

178. *Intérieur de Temple protestant.* Toile, haut. 47 p., larg. 43.

La vue est prise d'une chapelle, sur un des côtés; l'architecture de tout l'édifice est gothique, ou du moins de celle à laquelle on donne communément ce nom. Plusieurs chaires y sont destinées aux prédications : on remarque sur différens piliers des écussons armoriés et des épitaphes inscrites sur des ornemens de boiseries sculptées; des curieux, personnages de distinction et autres, visitent ce bel édifice; des enfans s'y amusent; un homme y travaille à creuser une fosse.

Quelle justesse de ton et d'effet! quelle vérité!

DOW (d'après Gérard).

179. Une excellente copie d'après le tableau connu sous le titre de *la Femme hydropique*, le plus bel ouvrage de ce grand maître, et l'un des chefs-d'œuvre de l'art.

CHAMPAIGNE (Philippe de).

180. *L'adoration des Mages.* Toile, haut. 57 p., larg. 45.

Jésus est assis sur les genoux de sa modeste mère; à ses

pieds sont prosternés les trois Mages qui l'adorent et lui offrent des présens. Saint Joseph, témoin de cette scène, est debout près de la Vierge et appuyé sur son bâton. Une suite nombreuse accompagne les rois d'Orient; un ange arrête l'étoile resplendissante qui a miraculeusement dirigé leur course à travers tant de pays.

Ce tableau est de la première manière de l'auteur. Le fini en est extrême, et sa composition nous rappelle les ouvrages du célèbre Poussin, pour lesquels Philippe de Champaigne était plein d'admiration.

MIREVELT (Michel).

181. *Portrait d'Homme.* Bois, haut. 39 p., larg. 26.

C'est sans doute celui de quelque magistrat hollandais. Mirevelt l'a représenté debout, nu-tête, avec des moustaches, et vêtu d'un juste au corps noir sur lequel est rabattu un grand collet de batiste festonné et travaillé à jour; de la main gauche, il tient un de ses gants; son bras droit, sans action, tombe le long de son corps.

NIKKELEN (Jean van).

182. *Intérieur d'Église.* Bois, haut. 17 p., larg. 12 p. 6 lig.

Elle est vue du bas de l'une des nefs latérales. Le pilier qui s'offre sur le premier plan est orné de deux épitaphes inscrites dans de riches écussons; sur d'autres piliers sont attachés de pareils ornemens. A gauche, on aperçoit une partie de l'orgue; à la voute sont suspendus çà et là plusieurs lustres; quelques curieux visitent cette église; sur le devant est assise une pauvre femme qui tient son enfant sur ses genoux.

Si jamais l'éclat de la lumière, la vague de la perspective

aérienne, la vérité du ton et toute la magie dont la peinture est susceptible, ont été portés au plus suprême degré, c'est assurément dans cet ouvrage. On est tenté de croire qu'on pourrait entrer dans cet église et s'y promener.

ROMBOUTS (J.-S.)

183. *Paysage.* Bois, haut. 20 p., larg. 26.

Il représente la lisière d'un bois. A gauche, des arbres couvrent les seconds plans et masquent la campagne lointaine : on la découvre vers le milieu du tableau; à droite est un chemin où l'on remarque plusieurs figures.

RUYSDAEL (Jacques).

184. *Paysage.* Toile, haut. 22 p., larg. 27.

Le génie des grands maîtres a créé les règles; mais il ne s'y est pas rigoureusement soumis. Ici, Ruysdaël a tout-à-fait négligé celle qui prescrit l'équilibre des masses, et néanmoins son tableau satisfait tellement la vue, qu'elle n'y trouve rien à désirer : la vérité serait-elle donc la seule règle du paysage.

A droite, un chemin montant, bordé de murailles et fermé à son entrée par une large barrière, conduit à un village situé sur le penchant d'une montagne : son clocher domine l'extrémité du chemin. Les maisons, éparses çà et là, sont la plupart entourées de chênes, de hêtres et autres grands arbres. La plus voisine est située au bas du chemin, et l'on y voit une femme qui paraît adresser la parole à un jeune garçon. A gauche, presqu'en face de cette maison, est un petit champ clos de planches et de murs. Un ruisseau traversé par une simple planche qui sert à le franchir, et tombant de quelque coteau voisin, coule rapidement sur le devant du tableau.

Ce site est on ne peut plus pittoresque et d'une grande richesse de détails. Il est d'ailleurs rendu avec cette supériorité de talent qu'on admire dans tous les beaux ouvrages de Ruysdaël, dont il suffit de citer le nom.

ÉCOLE FRANÇAISE.

GREUZE (Jean-Baptiste)

185. *Jupiter et Danaé.* Toile, haut. 54 p., larg. 71 p.

Une lumière brillante a pénétré à travers de légers nuages, dans la tour aux portes d'airain, où, par la plus inutile des précautions, le roi Acris tient sa fille étroitement renfermée; l'aigle de Jupiter est apparu au même moment. Soulever le linge qui couvrait Danaé mollement étendue sur son lit; dévoiler aux regards du maître des dieux les nouveaux charmes dont il est épris, a été le premier soin du complaisant oiseau. Cependant, à cette apparition soudaine, la belle captive paraît moins effrayée que surprise et doucement émue; on juge même à son air de langueur que son cœur ne lui présage rien d'alarmant. Une vieille gouvernante, instruite du mystère, est placée à la tête du lit de Danaé, et sa main officieuse s'attache aussi à écarter le linge qui couvrait le corps de sa jeune maîtresse. On remarque sur un guéridon, à côté du lit, un collier de perles et un miroir.

Une lumière dorée remplace ici la pluie d'or, et cette licence est ingénieuse; du reste, quelle beauté de carnation se fait remarquer dans ce tableau? que le mol abandon de Danaé est bien rendu! que son corps a de souplesse, et que sa pause exprime clairement la pensée que lui suggère la pudeur? Quoique Greuze ait rarement peint de semblables sujets, on peut dire qu'il a excellé dans celui-ci. Son génie, sa sensibilité exquise, le rendaient propre à toutes les scènes qui demandent de l'expression. Son étude particulière avait été celle des passions.

188. Cinq tableaux peints par Boucher, représentant des enfans au milieu d'attributs relatifs aux sciences et aux beaux-arts.

MAITRES INCONNUS.

187. Portrait en buste de Madame Élisabeth, sœur de S. M. Louis XVIII. Elle est coiffée d'un panache et vêtue d'une robe de velours bleu céleste brodée en or, et garnie au collet d'un double rang de dentelles.

188. Mars et Vénus. Le Dieu de la guerre s'arrache des bras de la tendre Vénus pour aller présider aux combats. Ce tableau rappelle le style de Van-Dyck, et c'en est probablement une imitation faite dans l'école de ce maître par un de ses meilleurs élèves.

189. *Marché aux Légumes.* Toile, hauteur 44 p., largeur 60 p.

Trois figures à mi-corps et de grandeur naturelle font le pricipal sujet de ce tableau. L'une d'elles est une marchande en chapeau de paille, avec une bourse et un trousseau de clefs au côté. Elle est assise vis-à-vis d'un étal environné et chargé de corbeilles de fruits et de légumes de toutes espèces. Une dame, accompagnée d'une jeune fille, s'est approchée de cette femme et lui marchande des fruits; pendant ce temps, la petite fille regarde sa mère en lui montrant une pomme qu'elle paraît vivement désirer. Dans le fond, d'autres marchands de légumes et de fruits remplissent une place publique, où se tient le marché.

190. *Sainte Clothilde*, figure en pied, grandeur de demi-nature. Bois, hauteur 42 p., largeur 22 p.

Cette Sainte, représentée dans une niche entre deux piastres ornés d'arabesques, est couronnée, vêtue de deux tuniques, par-dessus lesquelles est un manteau, et tient de la main droite une coupe de cristal.

191. *Autre Sainte*, que le défaut d'attributs nous a empêchés de reconnaître. Elle est dans une niche semblable à la précédente, et a pour vêtement une tunique, un voile et un manteau. Ce tableau est le pendant du précédent, et tous deux sont d'un ancien maître italen.

MINIATURES.

KLINGETEL.

192. *Les Portraits du duc d'Orléans, régent, et de sa Maîtresse*. Grande miniature de forme octogone, portant 9 pouces de haut sur 8 de large.
Le Prince est représenté en Chasseur, avec un costume romain.

193. *Agar dans le Désert;* miniature pointillée à l'encre de la Chine. C'est le moment où cette mère éplorée aperçoit l'ange qui vient secourir son fils. Hauteur 4 p. 6 l., largeur 3 p. 6 l.

NOTICE
D'OBJETS D'ARTS
ET DE CURIOSITÉ,

FAISANT SUITE A LA RICHE COLLECTION DE TABLEAUX
DÉCRITS DANS LE PRÉCÉDENT CATALOGUE.

On remarque parmi ces objets quelques émaux et mosaïques, des ouvrages d'imitation en pierres dures, corail, vermeil et argent, quelques sculptures en marbre, albâtre, ivoire et terre cuite; des figures, des bustes, des bas-reliefs en bronze, dont plusieurs sont dorés; beaucoup de vases, de colonnes et de cippes, tant de porphyres rouge et vert que de brèche universelle, griote, vert de mer et albâtre oriental; des porcelaines de l'ancienne manufacture de Sèvres, des vases de la Chine ou du Japon; des meubles de Boule, de Riesner, et autres de laque, d'ébène et d'acajou, des pendules anciennes et modernes, dont une ayant appartenu à Diane de Poitiers, et une autre provenant de l'ameublement de la chambre à coucher de Marie-Antoinette, reine de France; à toutes ces choses sont réunies plusieurs autres *raretés* inscrites dans la notice.

NOTICE
D'OBJETS D'ARTS
ET DE CURIOSITÉ,

FAISANT SUITE A LA RICHE COLLECTION DE TABLEAUX
DÉCRITS DANS LE PRÉCÉDENT CATALOGUE.

TABLEAU MÉCANIQUE.

Cuivre, hauteur 38 pouces, largeur 40.

1. A gauche, deux forgerons battent un fer rouge sur leur enclume, et tout près d'eux est un rémouleur qui aiguise un couteau. Ailleurs ce sont des charpentiers sciant ou coupant du bois, des tailleurs de pierre et autres personnages livrés à des travaux de leurs diverses professions. Dans le fond, au sommet de plusieurs montagnes, on remarque des moulins à vent.

ÉMAUX et MOSAIQUES.

2. Assiette émaillée de l'ancienne manufacture de Limoges ; elle est ornée sur ses bords de figures et de bustes d'enfans ; dans le milieu est représenté le sujet de Joseph, expliquant les songes de Pharaon.

3. Calendrier perpétuel, ouvrage en émail et dédié au Roi.

Ce calendrier est divisé en quatre tablettes chantournées par le haut, encadrées de moulures de bronze doré, et surmontées des armes de France. Chaque tablette contient trois mois, au-dessus desquels sont représentés les signes du Zodiaque.

Les jours de la semaine, les quantièmes du mois, les noms des saints, les phases de la lune, et toutes les autres indications que contient un calendrier, étant marquées dans celui-ci sur autant de petites pièces mobiles, son usage consiste à les déplacer à la fin de chaque année, pour les replacer dans l'ordre calculé pour le nouvel an.

4. Deux mosaïques représentant les bustes de Jésus-Christ et de la Vierge Marie. Hauteur 16 pouces, largeur 13 pouces 6 lignes, forme octogone.

5. Deux médaillons en pierre de relief (ancien travail de Florence), représentant, en buste, l'ange Gabriel et la Vierge Marie. Ces figures sont placées en regard au milieu de fleurons faits de pierre de relief et de bronze doré, appliqués sur un fond de marbre noir, divisé en deux compartimens. Une bordure d'ébène, portant un écusson doré, encadre cette espèce de mosaïque, dont la hauteur est de 6 pouces sur 8 de largeur.

OUVRAGE D'IMITATION

EN PIERRES DURES,

et autres Ouvrages tant en corail qu'en argent.

6. Statues de la Vierge et de l'enfant Jésus, placées au milieu d'un ornement de sculpture, composé de lapis et de sept ou huit sortes de jaspes, aussi rares et aussi beaux l'un que l'autre.

La Vierge est debout et tient son fils dans ses bras; son

manteau est de lapis; sa tunique, de jaspe fleuri; sa tête, ainsi que ses mains et ses pieds, de jaspe tirant sur la couleur de chair. Le corps de Jésus est de jaspe blanc. La place que ces deux figures occupent, est une espèce de niche en lapis, pratiquée entre deux colonnes composites, élevées sur un soubassement et surmontées d'un fronton brisé.

Ce soubassement est de jaspe vert rubanné; les colonnes sont de jaspe fleuri; les pilastres, la frise et plusieurs autres parties du monument, de jaspes sanguins et purpurins de différentes espèces. L'architrave, la corniche et toutes les moulures sont en ébène, les chapiteaux et quelques filets en bronze doré.

Ce morceau est le seul de son espèce que nous connaissions. Il nous semble par cela même très remarquable; mais nous lui trouvons un mérite plus grand encore, c'est celui qui résulte de la beauté extrême des jaspes, dont il est en grande partie composé.

7. Un crucifix, un calice et un bénitier, faits de coraux taillés, les uns en figure, les autres en fleurons et appliqués sur du bronze doré, qu'ils recouvrent presque entièrement. La coupe du calice est de vermeil; il y a dans le crucifix et dans le bénitier des parties émaillées qui y produisent une agréable variété; mais le morceau le plus curieux, c'est le bénitier. On y remarque autour d'une niche cintrée, treize sujets de la vie de Jésus, exécutés en corail dans une si petite dimension, que les figures dont ils sont composés, n'ont pas plus de 10 lignes de hauteur. Dans la niche même, au-dessus du bassin, est représentée la sainte famille, figures entièrement de relief, de deux pouces et demi de proportion; des anges suspendent leur vol au-dessus de la famille sainte; l'Éternel, sur des nuages, la

bénit. Deux autres anges sont aux deux côtés du bénitier; tout autour règne un ornement à jour en émail.

8. Petit autel en ébène, décoré de figures, bas-reliefs et ornemens divers, tant en vermeil qu'en argent. Hauteur 16 pouces 8 lignes.

Quatre bas-reliefs représentant les quatre évangélistes, ornent le devant de l'autel; dans le rétable formé de cinq compartimens disposés en forme de croix, sont représentés en relief, sur un fond de vermeil, la salutation angélique, la nativité de Jésus, son crucifiement et sa résurrection. Tout au haut de l'autel, sur son couronnement même, est placée la figure du Sauveur, tenant de la main gauche la boule du monde, et bénissant de la droite le genre humain. Au-dessous de lui, dans plusieurs emplacemens, sont rangés les apôtres qui ont enseigné sa loi. Des figures de chérubins et divers ornemens découpés enrichissent en outre les plates-bandes d'ébène qui encadrent les principaux sujets et forment le corps de l'autel.

Ce petit ouvrage, d'une grande délicatesse d'exécution, est renfermé dans une boîte à deux volets, où, sur un fond de velours cramoisi, sont appliquées huit miniatures représentant des sujets tirés de la Génèse.

SCULPTURES

EN MARBRE, EN ALBATRE, EN IVOIRE ET EN TERRE CUITE.

9. Jeune fille tenant deux colombes qu'elle excite à se béqueter. Figure de marbre blanc d'environ 26 pouces de proportion; elle est couronnée de fleurs et drapée avec autant de goût que de simplicité.

9 *bis*. Deux enfans se disputent un cœur. Groupe de marbre blanc. Hauteur des figures, 15 pouces.

10. Prince et princesse d'Éthiopie, figures de grandeur presque naturelle, dont les diverses parties sont de marbre, d'albâtre et de métaux dorés.

Le prince, coiffé d'un turban surmonté d'une couronne, est à peu près vêtu comme les guerriers romains. La princesse a sur sa tête un diadème de plumes, et porte un ample manteau sur une courte tunique; sa main gauche est appuyée sur un arc; la couronne du prince, sa cuirasse, le haut de ses brodequins et plusieurs parties du vêtement de la femme, sont faits de métaux dorés ou bronzés; leurs tuniques sont d'albâtre et leurs manteaux de marbre blanc. Les têtes et les autres parties nues sont d'albâtre peint en noir.

11. Christ d'ivoire d'un fort beau travail et d'un seul morceau. La tête de Jésus est remplie d'expression; il a cessé de vivre, et cependant les traits de son visage respirent encore la douleur et la résignation. Hauteur, 17 pouc.

12. Un enfant couché; morceau sculpté en ivoire et posé sur un socle de bronze doré. Longueur, 6 pouces.

13. Danse et jeux d'enfans sculptés autour d'un morceau de corne de rhinocéros. Hauteur, 5 pouces.

14. Deux bas-reliefs de terre cuite, exécutés par Clodion, et représentant deux bacchantes, chacune tenant un enfant sur ses genoux. Diamètre, 10 pouces 6 lignes.

15. Deux autres morceaux en terre cuite, composés chacun de deux jeunes Tritons soutenant un médaillon. Dans un de ces médaillons est le buste couronné de Nep-

tune; dans l'autre est un buste de femme. Hauteur 8 pouces, largeur 18 p.

FIGURES, BUSTES ET BAS-RELIEFS

DE BRONZE.

16. Deux lutteurs. Figures d'environ 30 pouces de proportion, et très savamment dessinées. Un des combattans, renversé par terre, fait de vains efforts pour résister à son rival.

Ce beau groupe est posé sur un socle d'ébène orné de filets d'étain, de têtes et de rosaces de bronze doré.

17. Mercure enlevant Pandore, figures de 15 pouces de haut, posées sur un socle de bois noirci, orné de bronze doré.

18. Buste de Caracalla. On y a adapté un piédouche et une portion de manteau en marbre blanc. Haut., 27 pouc.

19. Buste d'un romain, manteau et piédouche de marbre blanc. Hauteur, 27 pouces.

20. Buste de Sénèque, avec manteau d'albâtre et piédouche de marbre blanc. Hauteur, 30 pouces.

21. Buste d'Aristote. Il est aussi ajusté d'un manteau d'albâtre, le piédouche est de marbre jaspé. Hauteur, 33 pouces.

22. Buste de S. A. R. le duc de Berry; le piédouche est de griotte. Hauteur, 24 pouces.

23. Autre buste du duc de Berry, avec piédouche de bronze. Même hauteur.

24. Petit buste de Henri IV, sur piédouche de bronze doré. Hauteur, 9 pouces.

25. Six grands médaillons, avec figures de haut et bas-relief. Diamètre, 27 pouces.

Dans un, Louis XIV, assis sur son trône, tient un écrit portant ces mots : « La Poméranie rendue aux Suédois. » Au pied du trône sont réunis le grand Condé, Turenne et Catinat.

Dans un autre, on voit ce monarque recevant les ambassadeurs de Siam.

Dans un troisième, il est représenté sous les murs d'une ville qu'il fait escalader; Condé est à côté de lui.

Le quatrième bas-relief représente la victoire, un casque à la main, foulant aux pieds diverses armures, et tenant des palmes de la main gauche, pour les distribuer aux vainqueurs.

La jonction des deux mers fait le sujet du cinquième bas-relief. On y voit à vol d'oiseau tout le pays que traverse le canal du Languedoc, depuis Cette jusqu'à Cordouan.

Le sixième est relatif à la construction de quelque grand édifice, ordonnée par Louis XIV.

26. Deux bas-reliefs représentant des Bacchanales. Hauteur, 8 pouces, longueur 20. Les figures en ont 6.

BRONZES DORÉS.

27. Portrait du duc de Berry, buste de bronze doré avec piédouche de griotte d'Italie ; il est posé sur un riche piédestal fait aussi de bronze doré, et dans les quatre côtés duquel sont encadrés des panneaux de griotte. Une cou-

ronne de laurier est appliquée sur chacun de ces panneaux. Sur le devant du piédestal, au-dessous de la corniche, est placé un écusson aux armes de France; les trois autres côtés de la frise sont ornés de fleur de lys. On doit ce beau monument aux soins et à la reconnaissance de M. de Labaute, que le prince daignait honorer de son auguste protection. Hauteur du piédestal, 44 pouces; avec le buste, 68 pouc.

28. Main à papier de bronze doré; elle est composée de deux enfans tenant des raisins et posés sur un socle ovale, couvert d'ornemens ciselés, approchant du style baroque.

29. Buste de Henri IV représenté de profil et en bas-relief avec une couronne de laurier. Médaillon de vermeil, dans un cadre de bronze doré. Diamètre, 6 p.

30. Une grande et riche monture de pendule garnie de son socle, l'un et l'autre à formes chantournées, mêlées de coquillages. Deux figures, Diane et Apollon, sont posées sur le devant du socle; au haut de la caisse, est un zéphir représenté dans l'action de voltiger. Hauteur, y compris le socle, 4 pieds. Ce morceau, très important dans son espèce, est du fameux Caffieri.

31. Deux vases de bronze doré, forme de lampes antiques. Les anses sont surmontées d'un lézard, les becs façonnés en tête de dragon, et toutes les autres parties chargées de divers ornemens, tels que canelures, godrons, feuilles d'achante, branches de vigne et couronnes de laurier. Hauteur, 12 pouces.

32. Deux socles de bronze, forme oval allongé, ornés de canelures, de rosaces et de festons.

33. Une paire de grands candélabres de bronze doré, composés chacun de six branches, adaptées à un globe

placé sur le haut d'un balustre à pied triangulaire. Une petite figure de femme, debout sur le globe, porte sur sa tête une septième bobèche. Le pied du balustre, en partie bronzé, est orné de chimères, de têtes de bélier et de pattes de lion. Hauteur, 36 pouces.

34. Un coffret en bronze doré, orné de fausses turquoises enchassées dans de l'argent.

35. Un vase de tôle peinte, forme d'urne, de la hauteur de 18 pouces.

MÉDAILLES D'ARGENT

ET CREUX EN SOUFRE.

36. Cadre d'ébène et d'écaille, contenant cinquante-quatre médailles d'argent, enchassées dans une plaque de bronze doré. Hauteur, 26 pouces, largeur, 30 pouces.

Quelques unes de ces médailles consacrent des faits historiques; toutes les autres offrent des portraits d'hommes célèbres, rois, philosophes, artistes et savans.

37. Six boîtes de creux en soufre, moulées sur des camées antiques.

COUPES D'AGATE,

VASES, COLONNES, CIPPES, SOCLES, ET TABLES NON MONTÉES, EN PORPHYRE, GRANIT, MARBRE ET ALBATRE.

Coupes et Vases.

38. Deux coupes d'agate garnies d'anses et montées sur des cippes de porphyre vert, à socles de bronze doré.

39. Grand vase de porphyre rouge, forme d'urne applatie, avec piédouche pris dans la masse. Il est sculpté à gros godrons, évidé, fermé par un couvercle de la même matière et garni d'anses en bronze doré, formées de deux têtes de béliers entourées de branches de vigne. Hauteur, 18 pouces; largeur, 20.

Ce vase est d'un volume qu'on ne rencontre que rarement. Il est posé sur un tronçon de colonne, moitié en porphyre, moitié en stuc, de 42 pouces de haut; aux deux côtés sont appliqués des cariatides qui, en même temps qu'elles masquent la jointure des deux matières, supportent une corniche de marbre blanc. Une espèce de tore du même marbre et une base de bleu turquin exhaussent le tout, et lui donnent, y compris la corniche, une élévation de 63 pouces. Les gaines sont en bronze doré, les têtes qui en sortent sont de marbre blanc.

40. Deux vases et deux cippes de granit d'Égypte avec ornemens de bronze doré.

Les vases de granit rose, en façon d'urne et de la hauteur de 22 pouces, sont godronnés, évidés et fermés de couvercles de la même nature.

Aux cippes, qui sont faits à cannelures et d'un granit gris-rosé, sont ajustées des tores et des corniches de granit rose, pareil à celui des vases. Leur hauteur est de 46 pouces.

Ces quatre morceaux ont fait partie du cabinet du duc d'Aumont. Ils fixent l'attention par leur ensemble, et forment en même temps un objet de luxe et de curiosité.

41. Deux vases de brèche universelle, forme de Médicis. Hauteur, 17 pouces.

Le volume de ces vases et la rareté de leur matière les

rendent doublement précieux. Ils posent sur un socle de la même matière, ayant un pouce d'épaisseur.

42. Vase de granit gris oriental, forme de gondole, avec couvercle et piédouche de la même matière. Il est évidé, monté en cassolette et garni d'anses à tête de satyre faites de bronze doré. Hauteur, 12 pouces; largeur, 18. Ce vase est endommagé.

43. Vase de marbre serpentin, évidé et monté en cassolette. Il est orné d'une pomme de pin, d'un collet à jour et d'un piédouche de bronze ciselé et doré. Hauteur, 10 pouces 6 lignes.

44. Deux vases d'albâtre, forme de Médicis. Hauteur, 11 pouces.

Colonnes, Cippes, Piédestaux et Socles.

45. Quatre colonnes de Granit gris oriental, ordre composite avec chapiteaux, tores et bases de bronze doré. Hauteur du seul fût, 11 pieds; hauteur totale, 13 pieds.

46. Deux cippes ou tronçons de colonne de granit rose d'Égypte, avec socle de granit oriental, blanc et noir, et tores en façon de couronnes de laurier faits de bronze doré. Hauteur du tronçon seul, 26 pouces; en y comprenant le tore et le socle, 35.

47. Deux colonnes de brèche universelle, ordre dorique, avec plinthes, tores et chapiteaux de bronze doré. Elles sont élevées sur deux socles à deux degrés, de granit vert des Vosges. Hauteur du fût seul, 25 pouces; hauteur totale, 31 pouces 6 lignes.

48. Deux cippes de granit violâtre-gris, avec tore de porphyre vert. Hauteur, 5 pieds.

49. Deux petits tronçons de colonnes de porphyre rouge oriental, avec tores et socles de bronze ciselé et doré. Hauteur, 2 pouces 6 lignes.

50. Piédestal de marbre blanc, avec base et corniche sculptées. Sur le devant sont incrustées deux plaques de porphyre rouge; au milieu est un bas-relief rond, de bronze, entouré d'une moulure sculptée et prise dans la masse. Deux autres plaques de porphyre forment les panneaux des côtés.

Ce piédestal a été fait pour servir de socle à un buste. Hauteur, 13 pouces; largeur, 14.

51. Deux petits socles, façon de piédestaux, en marbre blanc et plaqués de porphyre rouge sur les quatre côtés. Hauteur, 6 pouces.

51. Deux petits socles de marbre blanc veiné, formés d'une plinthe, d'un tore et d'une petite portion de colonne cannelée.

Tables non montées.

53. Huit tables sans pieds, de porphyre de Suède, longues de 36 et 40 pouces sur 19 et 21 pouces de large; épaisseur, 9 et 12 lignes.

54. Deux tables sans pieds, en albâtre oriental. Longueur, 48 pouces; largeur, 24. Leur grandeur et leur conservation parfaite ajoutent un nouveau prix à la beauté de leur matière.

55. Table de marbre gris et blanc, appelé bleu d'Égypte. Longueur, 54 pouces; largeur, 24.

56. Une tablette octogone de marbre portor. Largeur, 20 pouces 6 lignes.

57. Une tablette en jaspe jaune. Longueur,
largeur,

PORCELAINE DE SÈVRES ET AUTRES.

58. Figure équestre du grand Frédéric, en biscuit d'ancien Sèvres.

Elle est posée sur un socle à fond bleu, aussi d'ancien Sèvres, et renfermée sous une cage de verre à huit pans, assemblée par des baguettes de cuivre ciselé et doré. Des trophées composés de symboles de la guerre, du commerce, des sciences et des arts, ornent trois des côtés du socle; sur le devant est le chiffre couronné du monarque. Hauteur de la figure, y compris le socle, 18 pouces.

59. Vase de porcelaine, forme d'urne, à anses, fond bleu relevé de dorures et orné par devant d'un médaillon où est représenté une jeune fille donnant à manger à des poulets. Vieux Sèvres. Hauteur, 18 pouces.

60. Deux vases à anses et à huit pans, en porcelaine d'ancien Sèvres, avec pieds et collets fond bleu. Sur un des pans sont représentés des enfans sur des nuages; sur les autres sont peintes des guirlandes de fleurs. Hauteur, 16 pouces.

61. Une fontaine et sa cuvette en porcelaine de Sèvres, fond blanc avec guirlande et filets dorés.

62. Une écuelle avec couvercle et plateau, fond blanc, ornée de filets bleus et dorés, et de guirlandes de fleurs.

—Une tasse et sa soucoupe, fond bleu, parsemée de roses, avec filets dorés sur les bords.

63. Une tasse et sa soucoupe, fond bleu, avec festons dorés, médaillons et fleurs.

64. Trois tasses à fond blanc semé de fleurs. Ces tasses ont été fabriquées dans les premières années de l'interrègne.

65. Deux tasses à anses, avec leurs soucoupes, ornées d'une espèce de ruban à liserets bleus et de beaucoup de dorures parfaitement conservées.

66. Un pot à crème fond bleu, avec guirlandes de fleurs et filets dorés.

67. Une soupière fond vert, avec cartouches où sont représentés des oiseaux étrangers. Elle est fêlée dans plusieurs endroits.

68. Plateau sur un piédouche rapporté, en porcelaine fond blanc, avec cartouches à figures en camaïeu violet.

69. Un déjeuné en porcelaine, fond blanc, à fleurs et filets dorés, de l'ancienne manufacture dite de Monseigneur le duc d'Angoulême. Ce déjeuné est composé d'un plateau, de deux tasses avec leurs soucoupes, d'une théière, d'un pot à crème et d'un sucrier.

70. Deux grands vases, forme Médicis, fond bleu turquin sans autre ornement. On y a ménagé une place sur chacun, où l'on peut faire peindre un cartouche, etc. Les bords destinés à être garnis sont aussi restés en blanc. Hauteur, 18 pouces; diamètre, 16.

71. Groupe en porcelaine blanche, de deux enfans soutenant une corbeille qu'on a doublée en cuivre, dans le dessein probablement d'y placer des fleurs.

PORCELAINES ET LAQUES

DE LA CHINE ET DU JAPON.

72. Deux grandes bouteilles, forme de balustre, en porcelaine de la Chine, fond bleu parsemé de fleurs, de dentelles et autres ornemens tracés en or. Hauteur, 30 pouces.

73. Deux autres grands vases à-peu-près semblables aux précédens et de la même grandeur.

74. Deux grands vases à anses, de porcelaine de la Chine, fond blanc parsemé de fleurs. Les couleurs en sont vives et l'émail parfaitement conservé. Leur hauteur est de 24 pouces.

75. Deux grands vases de porcelaine du Japon, façon de gourde, à fond blanchâtre orné de peintures. Ils sont garnis d'un collet et d'un pied de bronze doré. Hauteur 24 pouces; avec la garniture, 29. Ces deux beaux vases proviennent du cabinet de madame Maqueron.

76. Trois petites bouteilles de porcelaine du Japon, à fond blanc semé de fleurs, avec pieds et bouchons en bronze doré. Sur la partie la plus saillante de la panse est une niche ronde renfermant une figure en relief. Hauteur, 16 pouces.

77. Une bouteille en porcelaine japonaise, dite porcelaine au Dragon, à fond moitié vert et moitié couleur de lie de vin. Sa base et son goulot sont garnis de cercles de bronze ciselé et doré. Hauteur 15 pouces.

78. Un plateau avec quatre tasses à chocolat, en porcelaine de la Chine, travaillée à jour en dehors. Le

plateau est peint à l'imitation du laque, et incrusté de burgau; les tasses sont à fond blanc entrecoupé de fleurs.

79. Un cabaret à fond blanc orné de figures. Il est composé d'une théière, d'un pot à crème, d'une petite jatte et de six tasses accompagnées de leurs soucoupes.

80. Cinq boîtes de laque, façon d'avanturine, dont une servant à brûler l'encens.

CABINET, BUFFET, ARMOIRE.

COMMODES, SECRÉTAIRES ET AUTRES MEUBLES

en Marqueterie, Placage et Acajou.

81. La pendule de Diane de Poitiers, ouvrage d'écaille et d'argent, figurant un frontispice à deux rangs de colonnes élevées de chaque côté, les unes au-dessus des autres.

La partie inférieure de ce petit édifice est couronnée par devant d'un fronton où est placé un buste de femme, dont les traits rappellent ceux de la maîtresse de François I*er*; au-dessous sont deux bas-reliefs dont le principal représente une offrande à Diane. A chaque côté, entre les colonnes, est un vase de fleurs dans une niche. Le dedans contient un corps de tiroirs.

Dans sa partie supérieure, qui est surmontée d'un obélisque, est placé le cadran de la pendule, devant lequel le balancier fait son mouvement.

Dans ce joli meuble, tout ce qui appartient à l'architecture est exécuté en écaille. Les figures, les bas-reliefs et tous les autres ornemens sont d'argent. Le socle est traité dans le même goût et fait des mêmes matières. Hauteur, 44 pouces; largeur du socle, 22.

82. Un grand et très-beau cabinet de bois d'ébène, fermant à quatre ventaux, décoré de sculptures et soutenu par un pied à colonnes, auxquelles sont jointes deux cariatides à figures d'homme.

Quatre pilastres d'ordre ionique posés sur un soubassement et surmontés d'une architrave, d'une frise et d'une corniche, divisent le devant de ce cabinet en trois parties. Dans celles des côtés sont sculptés deux grands bas-reliefs; celle du milieu est occupée par une figure de ronde bosse avec laquelle correspondent deux autres figures semblables placées dans les deux angles. Sur les piédestaux des pilastres, et dans les intervalles qui les séparent, sont représentés, en bas-relief, plusieurs sujets de l'ancien testament. La corniche est remplie de festons soutenus par des enfans. D'autres sculptures ornent les deux côtés du meuble. En dedans, entre deux rangs de tiroirs, est un tabernacle entouré de glaces et de colonnes d'ivoire, dans lequel sont renfermées huit figures de relief représentant le jugement de Salomon.

Ce cabinet, haut de 6 pieds, est le plus grand, le mieux composé et le plus riche en ornemens qu'on ait vu dans le commerce de Paris, ce qui porte à croire qu'il a autrefois appartenu à une maison royale.

83. Petit buffet à un battant, en marqueterie de Boule, où des découpures de cuivre sont incrustées dans un fond bleu. Il est chantourné, terminé en adoucissement par le haut, et enrichi de moulures, palmettes, feuilles d'acanthe, pattes de lion et autres ornemens de bronze doré. Ce

buffet est un ouvrage du célèbre Boule. Hauteur, 39 pouc., largeur, 30 pouces.

84. Meuble d'ébène composé de huit tiroirs placés l'un au-dessus de l'autre, et sur chacun desquels sont appliquées, en forme de panneaux, deux mosaïques de Florence. Une pierre de lave, ruiniforme, enchâssée dans du marbre noir, forme le milieu de chaque mosaïque; tout autour sont incrustés des filets de jaune antique et autres ornemens en brocatelle, cornaline et lapis. Haut., 40 pouc., larg., 15.

85. Petite boîte à un tiroir, ouvrage en marqueterie de cuivre et d'étain, avec dessus de bois de rose.

86. Socle de forme allongée et arrondie par les bouts, en marqueterie d'étain, avec dessus d'ébène.

87. Une armoire en bois rose, avec ornemens en cuivre doré. Deux glaces chantournées haut et bas, et taillées en biseau, forment les panneaux des deux portes. Au-dessus du meuble s'élèvent trois socles ou piédestaux destinés à placer des figures, des vases, ou tout autre objet de curiosité.

88. Commode de la duchesse de Pompadour. Hauteur, 24 pouces, largeur, 50, profondeur, 22.

Ce beau meuble, chantourné et fait en console, est composé de panneaux de laque encadrés de platebandes d'ébène, et enrichi d'un grand nombre de bronzes dorés, entre lesquels on remarque principalement deux nymphes marines, dont les corps se terminent par une double queue de poisson. Ces figures sont placées, en façon de cariatides, dans les deux angles de la commode. Au milieu est un médaillon avec deux colombes; tout autour pendent en festons des guirlandes de fleurs; les pieds sont cannelés et garnis de sabots en spirale ornés de dorures; le dessus est d'une brèche qui nous a paru rare.

89. Une commode en bois de racine, ouvrant à deux portes, ornée de deux gaines placées dans les angles, et garnie de légères moulures en cuivre ciselé et doré.

90. Un secrétaire à cylindre, fait en bois d'acajou, enrichi de beaucoup de moulures et autres ornemens en bronze ciselé et doré. Ce meuble et le précédent sont des ouvrages du célèbre Riesner.

91. Deux seaux d'acajou, travaillés en façon de corbeilles et doublés en cuivre.

92. Un porte-théyère de bois gris satiné, doublé de cuivre et monté sur un pied du même métal.

93. Petit secrétaire de dame, communément appelé *bonheur du jour*, avec pendule et jeu de flûte.

Il est fait de bois jaune et satiné, orné de dorures et surmonté d'une tablette de marbre blanc; dans le bas du meuble est un coffre-fort, masqué par deux panneaux brisés ouvrant à coulisse; le haut, fermé par deux panneaux à glaces, contient le jeu de flûte et la pendule. Le cadran de celle-ci est caché par un médaillon mobile peint en émail, et représentant un berger jouant de la flûte. Hauteur, 50 pouces, largeur, 34.

94. Pendule à jeu de flûte, de la chambre à coucher de Marie-Antoinette, reine de France.

Le mouvement de cette pendule est renfermé dans un petit globe émaillé en bleu, parsemé d'étoiles d'or, et posé sur un piédestal carré de marbre blanc. Un écusson où l'on remarque une urne sépulchrale entre deux branches de saule pleureur, domine ce globe et sert d'appui à un aigle qui porte une renommée sur ses ailes. A côté de la pendule est une jeune femme accompagnée de trois enfans, que plusieurs symboles indiquent être des génies présidant aux arts. Ses traits rappèlent ceux de Marie-Antoinette. Ces quatre figures sont exécutées en marbre et placées sur un socle de la même matière, aux deux extrémités duquel reposent deux lions. Ce groupe a pour piédestal la caisse qui renferme le jeu de flûte.

Celle-ci est faite de bois d'acajou; au-dessus sont placées deux figures de bronze doré, le temps et une femme en deuil; quatre colonnes de marbre blanc soutiennent les quatre angles; sur le devant est un bas-relief représentant un tombeau surmonté d'un trophée. Hauteur, 54 pouces, largeur 39. Le jeu de flûte exécute douze airs.

On ne peut songer à la première destination de ce meuble, sans sentir combien elle l'a rendu précieux pour l'amateur qui recherche les objets auxquels s'attachent de grands souvenirs. Voici comment on explique le sujet :

Marie-Antoinette, pour consoler la France de la perte qu'elle a faite autrefois dans la personne de Henri IV, montre aux arts le portrait de Louis XVI, leur nouveau protecteur. A ce portrait a été substituée l'urne sépulcrale dont on vient de parler.

95. Une grande commode de bois d'ébène fermant à trois ventaux, ornée de mosaïques et de dorures. Hauteur, 36 pouces, largeur, 53, profondeur, 21.

Sur le ventail du milieu, dans un encadrement de moulures et de bronze doré, est une mosaïque en pierres de relief, représentant un vase chargé de fruits. Six autres mosaïques de la même sorte, placés trois par trois sur les deux autres venteaux, y simulent deux rangs de tiroirs; les panneaux des côtés sont divisés en six compartimens, formés d'autant de tableaux en placage de Florence, encadrés de moulures dorées. Des festons et plusieurs autres ornemens en dorures enrichissent encore ce beau meuble, et en font un objet de la plus grande magnificence.

96. Autre belle commode en bois d'ébène, ouvrant à trois venteaux, et enrichie de panneaux en mosaïques de Florence, d'un dessus de marbre portor, et d'un grand nombre de bronzes dorés, tels que frises à jour, entrées de clef, chapiteaux de pilastres, sabots en spirale, moulures et filets diversement ciselés. Hauteur, 37 pouces, largeur, 56, profondeur, 20.

Il serait difficile d'imaginer, en fait de meubles, quelque chose de plus riche, de plus noble et de plus élégant que ces deux commodes.

97. Charmant secrétaire de dame, fait de bois amaranthe, à abattant, avec embellissemens de porcelaine et de bronze doré. Hauteur, 58 pouces, largeur, 32.

Deux longues cariatides à figures de femme, soutenant une frise saillante surmontée d'une tablette de griotte, sont placées aux deux angles antérieurs du meuble. Sur l'abattant, au milieu d'un panneau de porcelaine fond bleu lapis, est un tableau de fruits qu'encadre une légère bordure, accompagnée de rubans et de branches de laurier. Deux autres tableaux représentant des fleurs, sont enchassés dans les panneaux des côtés. Six colonnes cannelées, assemblées trois par trois dans les angles de devant, portant une frise et posées sur un socle à glace, forment le pied de ce secrétaire; une deuxième glace remplit l'intervalle qui sépare les pilastres du fond.

98. Autre secrétaire de dame, semblable au précédent, à cela près que le panneau de l'abattant est de porcelaine fond vert, et que le tableau ou médaillon du milieu est composé de figures représentant un berger qui surprend sa maîtresse endormie près d'une fontaine.

Ces deux jolis meubles charment par leur extrême élégance, et sont exécutés avec autant de précision que de solidité.

99. Grande console, sans dessus, faite de plaques de porcelaine, bordées de bois amaranthe et de moulures de bronze doré. Elle est soutenue par deux pieds et deux pilastres soutenant une frise et posant sur une base où l'on a enclavé une glace. Hauteur, 33 pouces, largeur, 42, profondeur, 18.

Trois médaillons à figures relèvent la frise de cette console; sur toutes les autres pièces sont peintes des couronnes et des guirlandes de fleurs. Les pieds, en façon de gaine, sont couronnés de chapiteaux à têtes de bélier. Une seconde glace remplit l'intervalle qui sépare les pilastres.

100. Deux consoles de porcelaine, montées en bronze, ouvrage inachevé. Les porcelaines restées en blanc sont destinées à être peintes, les bronzes ne sont point encore dorés.

101. Deux torchères de porcelaine montées en bronze, et restées dans le même état que les deux consoles. Hauteur, 44 pouces.

102. Pendule enchâssée dans le dé d'un piédestal d'ivoire, travaillé à jour et enrichi de dorures; à chaque côté du piédestal est une colonne ouvragée de la même manière,

au-dessus est une corbeille de fleurs. Hauteur, 15 pouces; largeur, 9.

103. Grande pendule de Lepaute, enclavée dans un piédestal de bois peint, sur lequel est posé un vase de porphyre de Suède, de la forme dite Médicis. Hauteur du vase, 18 pouces; largeur ou diamètre, 10 pouces.

104. Deux pieds de consoles en acajou avec pattes de lion.

TABLES ET CONSOLES

A DESSUS DE LABRADOR, DE BRÈCHE UNIVERSELLE, DE VERT DE MER ET AUTRES MARBRES.

105. Petite table de labrador de 20 pouces 6 lignes de long sur 13 pouces six lignes de large; elle est supportée par quatre pilastres de bronze, posés sur un socle et surmontés d'une frise où règne un ornement arabesque de bronze doré. Les chapiteaux et les piédestaux sont relevés par des dorures. Le dessus du socle est également de labrador.

106. Une table de brèche universelle, montée sur un pied à colonnes, fait en bois d'acajou. Longueur, 12 pouces 6 lignes; largeur, 18 pouces 6 lignes.

— Une table de vert d'Égypte, forme ovale, montée en acajou. Longueur, 56 pouces; largeur, 24.

107. Une console a quatre colonnes en bois gris satiné, coupé par des filets de cuivre, d'ébène et d'acajou, auxquels se mêlent plusieurs moulures et autres ornemens en cuivre ciselé et doré. Les colonnes posent sur une table en vert de mer; une autre table fait le dessus du meuble; une glace en garnit tout le fond.

108. Une table ronde aussi en vert de mer avec monture de bois gris, d'un travail pareil à celui de la console, à cela près que les pieds forment des gaînes à huit pans dont chacun est plaqué d'une lame d'étain. Dimension, 24 pouces.

109. Une table de vert de mer, entourée de marbres blanc, rouge veiné et vert antique. Elle est posée sur un pied d'attente de bois noirci. La tablette de vert de mer est cassée et rejointe dans le milieu. Longueur, 47 pouces; largeur, 30.

110. Grande table d'un fort beau marbre jaspé, rempli de nuances d'un rouge très-vif et portant 61 pouces de long sur 28 pouces 6 lignes de large.

Cette table a pour support une monture d'acajou à quatre pieds cannelés, couronnés de chapiteaux à volute et attachés par bas à un X sur lequel est posé un aigle de bronze doré. Hauteur, 38 pouces.

111. Une table de stuc, imitation des mosaïques de Florence. Elle est montée sur un pied de bronze doré composé de deux X dont les parties supérieures sont terminées par quatre têtes de béliers. Le fond de la table est blanc. Au milieu est une composition de quatre figures, exécutée dans le goût des peintures antiques. Tout autour règne un ornement composé de filets, losanges et rosaces dont les couleurs et les nuances imitent celles de différens marbres. Longueur, 42 pouces; largeur, 23 pouces.

OBJETS DIVERS.

112. Écritoire persanne. C'est une espèce de gaîne, en partie de vermeil, en partie d'argent, servant à mettre

des plumes, et à laquelle tient le petit vase à encre, que nous appelons cornet. A cette écritoire est un cordon de fil d'argent, au moyen duquel l'écrivain qui s'en sert, l'attache à sa ceinture quand il veut voyager.

113. Un sabre turc, à poignée d'ébène, avec lame de Damas, dans un fourreau garni de vermeil par les deux bouts.

114. Autre sabre turc à lame de Damas, avec poignée et fourreau de vermeil, couverts d'ornemens ciselés.

115. Poignard à manche d'ivoire, avec fourreau de velours vert, garni de vermeil.

116. Poignard à lame de Damas, ciselé et damasquiné en or.

117. Cinq casques de fer des quatorzième et quinzième siècles.

118. Deux lustres dont un en cristal de roche. Ils seront vendus séparément.

119. Deux tronçons de colonnes en bois peint et doré.
120. Trois nattes des Indes.

FIN.

www.ingramcontent.com/pod-product-compliance
Lightning Source LLC
Chambersburg PA
CBHW070240230526
45470CB00002B/465